행복 저글링

행복 저글링

개정판 1쇄 인쇄 2023년 12월 2일
개정판 1쇄 발행 2023년 12월 10일

지은이 김영안
발행인 전익균

이사 김영진, 김기충
기획 권태형, 조양제
편집 신희진, 전민서
디자인 김현철, 페이지제로
관리 이지현, 정정오
홍보 (주)새빛컴즈
마케팅 팀메이츠

펴낸곳 새빛북스
전화 (02) 2203-1996, (031) 427-4399 **팩스** (050) 4328-4393
출판문의 및 원고투고 이메일 svcoms@naver.com
등록번호 제215-92-61832호 **등록일자** 2010. 7. 12

값 18,000원
ISBN 979-11-91517-62-0 13190

행복한 삶을 위해 하나도 떨어뜨려서는 안 될

일, 돈, 관계, 건강, 자아 다섯 개 공의

행복 저글링

김영안 지음

도서출판 새빛
AEVIT

네 번째 공. HEALTH 건강

다섯 번째 공.
SELF-DEVELOPMENT 자아

다섯 개 공의 행복 저글링

1

작은 어촌 마을에 허름한 행색의 어부가 자신의 배에서 낮잠을 즐기고 있었다. 그때 마침 그곳을 지나던 백만장자 관광객이 어부를 깨워 말을 걸었다.

관광객: 하루에 몇 번이나 고기를 잡으러 나가시오?
어부: 한 번이요.

어부는 귀찮다는 듯 대꾸하고 다시 잠을 청했다. 그러자 관광객이 다시 질문했다.

관광객: 왜 두 번 이상 나가지 않소? 그러면 돈을 더 벌 텐데.

그러자 어부는 퉁명스럽게 물었다.

어부: 그렇게 하면요?

관광객: 아니, 그러면 돈을 더 벌어 더 좋은 배에 모터까지 설치해서 고기를 더 많이 잡을 게 아니오? 3, 4년 뒤에는 고기잡이배도 늘어날 것이고, 그로 인해 수입도 늘어날 테니까 나중에는 큰 공장도 차릴 수 있지 않소?

관광객이 장황하게 얘기했더니 어부가 다시 물었다.

어부: 그 다음에는요?

관광객: 돈을 많이 벌면 이런 휴양지에서 편안하게 누워 햇살을 받으면서 낮잠을 즐길 수도 있고, 멋진 바다도 감상할 수 있잖아요!

그러자 어부가 씩 웃으며 말했다.

어부: 허, 허, 내가 지금 그러고 있잖소!

행복에 관한 이야기가 나오면 자주 등장하는 하인리히 빌의 소설에 나오는 예화이다. 과연 누가 더 행복한 사람일까? 백만장자일까, 어부일까? 아마도 많은 이들이 백만장자를 택할 것이다. 돈의 중요성이 더 널리 인식되고 있는 세상에서 살고 있기 때문이다.

행복의 정의

'행복'이라는 단어는 현대인들 사이에서 가장 혼란스러운 단어로 꼽힐 것이다. 그리고 그 정도 면에서는 '사랑'이라는 단어를 앞지를지도 모른다. 오늘날 우리는 어디를 가든 행복이라는 단어를 보고 듣는다. 과연 '행복'이란 무엇일까. 사뮤엘 존슨이 1755년 출간한 최초의 영어사전에서는 행복을 두 가지 의미에서 정의하고 있다.

첫째. 지복(至福). 즉 욕구가 충족되어 만족스러운 상태
둘째. 행운(good happ)

영어로 행복을 뜻하는 'happy'는 고대 스칸디나비아 어인 'happ'에서 유래했는데, 원래 이 단어는 '행운'이라고 한다. 다른 사전들에서는 행복에 관해 다음처럼 정의하고 있다.

몸이나 마음의 감정에 기초한 주관적인 행복감

강한 내적 만족과 기쁨의 상태

소망이 충족되고 내적 조화가 이루어진 상태

원하는 것을 소유하거나 향유할 때 생기는 즐겁고 편안한 마음

내적 만족과 기쁨이 고조된 상태

희망과 소망의 포괄적인 성취를 통해 생기는 기쁨의 상태

결론적으로 종합해보면 행복은 만족감에서 강렬한 기쁨에 이르는 모든 감정 상태를 특정 짓는 안녕의 상태라고 할 수 있다.

행복의 순간들

이렇게 추상적인 언어로 행복을 이해하기보다는 우리 실생활의 일부를 떠올려보면 '행복'의 의미에 더 쉽게 접근할 수 있다.

갈증을 해소하는 시원한 맥주 한 잔

유쾌한 자리에서의 맛있는 식사

반가운 친구와의 뜻밖의 재회

기쁨·쾌활함·유쾌함 등을 나타내는 것을 '작고 짧은 행복'이라

말할 수 있고, 도취·열광·환희·지복(至福)·승리·감격·황홀·몰아와 같은 것을 '길고 큰 행복'이라고 할 수 있을 것이다. 또, 하루의 행복을 '효용(utility)'이라고 부르고, 한 달은 '행복', 더 긴 시간의 행복은 '만족'이라 부를 수도 있을 것이다.

행복!

이 한마디는 인생의 최대 슬로건(slogan)이고 로고(logo)이다. 인생의 지표이고, 희망이며 욕구다. 우리는 누구나 행복하기를 원한다. 하지만 그 누구도 1년 365일 하루 24시간 행복할 수는 없으며, 그 누구에게라도 단 몇 분의 행복, 짧은 은총의 순간, 혹은 어렴풋한 평온함이 주어지지 않는 경우란 없다.

주변을 잠시만 둘러보면 우리는 수많은 '행복한 순간들'을 목격한다. 서로 바라만 보아도 좋은 사랑하는 남녀, 아이들 재롱에 시간 가는 줄 모르는 어머니의 미소, 남에게 도움이 되는 일을 하고 뿌듯한 감정을 느끼는 이, 손해를 보고도 미소를 잃지 않는 사람. 우리는 하루에도 수많은 행복을 보고 느끼고 있다.

그런데 우리는 살면서 행복한 순간이 더없이 드물다고 생각한다. 그리고 막상 행복한 순간이 와도 알아차리지 못할 때도 있다. 행복한 순간이 지나간 한참 뒤에, 즉 새로운 관점이 생기고 나서야 과거의 그 순간이 행복이었음을 깨닫는 경우가 많다.

행복은 우리 곁에 결코 오래 머물지 않는다(happiness never lasts)고 한다.

시간은 상대적이다. 행복한 순간은 빠르게 흘러가는 듯하고 슬픔의 순간은 아예 기억의 집에 들어앉아 떠나기를 거부한다. 그렇기 때문에 우리는 정확히 무엇이 행복인지 알지도 못할 뿐더러 느끼지도 못하고 있다.

2

마을 골목길에 우스꽝스런 광대들이 앞장서고 그 뒤로 여러 명의 곡예사들이 독특한 분장을 하고 나왔다. 서커스 공연이 열린 것이다.
서커스(circus)라고 불리는 동그란 무대를 바탕으로 동물과 곡예사들의 각종 묘기가 펼쳐진다. 그중에서도 서커스의 하이라이트는 단연 공중그네 타기다. 천막 꼭대기에 설치된 그네에서 한 곡예사가 마치 제비처럼 날아 거꾸로 매달려 있는 상대편 동료의 손을 잡을 때까지 모든 관객이 숨을 죽인다. 무사히 곡예를 마치자 탄성과 박수 소리가 터져 나온다. 와우! 짝. 짝. 짝. 여러 종류의 곡예사들이 그들만의 재주를 선보이고 관중으로부터 환호를 이끌어낸다.

원숭이, 코끼리, 사자 등의 동물 묘기가 끝난 뒤 한 곡예사가 무대로 나온다. 양 손에 공을 하나, 둘 교대로 돌리면서 공을 하나씩 늘려나간다. 총 5개의 공을 돌린다. 그런데 관객들의 반응이 시큰둥하다. 그런 평범한 묘기로는 관객의 눈을 사로잡을 수 없기 때문이다. 반응을 눈치 챈 곡예사는 이제 물건을 바꾼다. 균일한 공이 아니라 모양과 질량이 다른 곤봉, 칼, 불이 붙은 횃불 등을 자유자재로 돌린다. 아찔하게 받아 돌리는 모습을 보고서야 관객들은 환호와 박수를 쏟아낸다.

서커스 공연은 예전에는 흔히 볼 수 있는 풍경이었다. 그런데 누군가 그랬다. '인생은 한 편의 연극이고, 이 세상은 무대이며, 나는 배우다'라고. 그런데 지금 우리의 젊은 세대들은 배우 중에서도 꼭 서커스 곡예사 같다. 높은 그네에서 뛰어내리거나 곤봉이나 칼, 횃불을 돌리면서 위태로운 곡예를 펼치고 있는 것만 같다.

언제부턴가 우리나라의 20대를 지칭하는 또 다른 이름이 '88만원 세대'가 되어버렸다. 고시원에서 투숙하면서 대학 휴학생 겸 취업 준비생이라는 타이틀을 달고, 각종 아르바이트를 뛰면서 부지런히 살아가지만 학자금 대출이라는 빚에 허덕이고, 열심히 취업 준비를 해도 서류에서만 200번, 면접에서는 50번 이상 떨어졌다.

88만원 세대! 저임금으로 일자리 잡기조차 쉽지 않아 한창 일해야 할 다수의 청년들이 실업자나 비정규직으로 불안한 삶을 이어가고 있다. 각종 경제지표가 성장에 성장을 거듭할 때마다 누군가는 더 큰 소외감과 박탈감에 괴로워한다. 일본의 우익 작가로 청년들의 우상이었던 미시마 유키오는 '청춘의 특권을 한마디로 표현한다면 '무지(無知)의 특권'이다'라고 말했다. 청춘은 아무 것도 모른 채 아프고 힘든 시기가 아니라 '마냥 그 시절이고만 싶은 즐겁고 활기차고 행복한 때'인데 말이다.

2,30대는 너무 일찍 비정한 경쟁사회의 '쓴맛'을 알아버렸다. 40대는 제대로 용 한번 써보기도 전에 '피로와 노쇠' 증후군에 시달리고 있으며, 5,60대는 떠밀리듯 주 무대와의 결별 고민에 불쑥 '황당'에 빠진다. 이것이 오늘의 사회상이다. 이런 상황에서 진정 우리 88세대들이 행복해질 수 있는가? 과연 이들에게 행복은 존재할까?

한국인 행복지수

행복은 개인의 문제이기도 하지만 국가 통치의 목표이기도 하다. 국가가 존재하는 궁극적 이유는 국민들이 행복한 나라를 만들기 위해서이다. 그렇다면 우리나라의 행복 현 주소를 살펴보자. 한국은 어느 정도 행복한 나라일까?

2020년 영국의 신경제재단(NEF)이 153개국을 대상으로 산출한 행복지수에서 우리나라는 61위를 기록했다. 우리나라의 행복도 순위가 조금씩 상승하고 있긴 하지만 여전히 우리나라의 행복 수준은 하위권에 머무르고 있다.

2023년 조사에 의하면, 세계행복지수(Global Happiness Index: eternalhumble.tistory.com)의 1위 나라는 핀란드(Finland)로 10점 만점 중 7.8점이고, 아프가니스탄(Afghanistan)이 1.9점으로 최하위이다. 핀란드는 5년째 1위를 지키고 있고, 아프가니스탄은 최근 탈레반이 재통치를 하면서 꼴찌(143위)로 추락했다.

대륙별로는 단연 유럽이 평균 6.3점으로 덴마크(2위), 아이슬란드(3위) 등 스칸디나비아 반도 국가 덕분에 1위이고, 북미는 6.3점으로 2위를 차지했다. 3위는 남아메리카가 5.8점이며, 우리나라가 속해 있는 동남아. 오세아니아는 5.6점으로 4위를 차지했는데, 이는 호주와 뉴질랜드 가가 7.1점으로 점수를 올려주었기 때문이다. 5위로 중동이 4.4점이고, 최하위는 아프리카가 4.2점이다.

국가별 순위는 우리나라는 6.0점으로 59위이고, 일본은 6.1점으로 54위이다. 중국은 5.8점으로 72에 위치하고 있다. 우리나라는 전체 조사 국가 중 중간을 약간 웃도는 위치에 있다.

또 다른 유엔개발계획(UNDP: United Nations Development Plan)의 조사에 의하면, 역시 핀란드가 1위이며, 대한민국은 5.81로 81위로 하위권에 위치하고 있다. 경제 발전으로 OECD에도 가입해 선진국 대열에 합류한 우리나라가 '행복 지수'에는 계속해서 하위권에 머물고 있는 것일까?.

2023년의 국민소득은 1조 6300억으로 2000년 22억보다 485배 늘었고, 우리나라 1인당 소득은 2000년 9,810 달러에서 2021년 33,400 달러로 35배 이상 증가했지만, 각종 '행복'조사에서는 중하위를 맴돌고 있다. 2000년대를 살았던 사람보다 지금 사람들이 35배 행복하다고 말할 수 있을까? 어찌된 일인지 도리어 더 불행하다고 생각하는 사람들이 많다고 한다.

경제적으로 잘 살면 행복해질 것이라는 통념을 깬 나라는 바로 히말라야 산맥에 자리 잡은 부탄이다. 국민소득은 최하위에 머물러 있지만 국민 97%가 행복하다고 말한다. 1972년 열두 살 나이에 국왕에 오른 '지그메 싱기에 왕추크' 국왕은 GDP가 아닌 국민 행복지수(GNH: Gross National Happiness)로 나라를 통치하겠다고 선언했다. 이처럼 국가의 경제 성장과 개인의 행복도는 반드시 비례하지 않는다.

3

인간을 행복하게 만드는 요소로 경제력, 유전자, 사회적 지위, 가족과 함께 지내는 시간, 현실에 대한 만족감 등을 꼽는다. 대체로 남자는 사소한 일에 행복을 느끼고 즐거워하며, 여자는 절대로 사소하지 않는 일을 뇌에 행복한 순간으로 입력한다고 한다.

행복은 정신적 습관이며, 행복은 그 자체로 훌륭한 치료제이다. 행복할 때 우리는 생각하는 수준이 높아지고, 행동하고, 느끼고 반응하는 수준도 높아진다.

행복은 때로 신이 내린 축복처럼 찾아오기도 한다. 하지만 행복은 보통 정복해서 쟁취해야 할 대상이다. 행복한 사람은 자신이 우주를 구성하고 있는 한 성원임을 자각하고, 우주가 베푸는 아름다운 광경과 기쁨을 만끽하고 누리는 사람이다.

참된 행복은 운이 좋거나 기회를 잘 잡아 얻어지는 것이 아니다. 물론 재능이나 행운을 타고나는 사람들도 있지만 이 세상에는 힘써 배우고 어렵게 훈련한 끝에 성공에 이르고 행복을 쟁취하는 사람들이 훨씬 많다. 누가보더라도 다행인 것은 참된 행복을 얻기 위한 비법은 누구라도 배울 수 있을 만큼 쉽다는 것이다. 그저 생각하고 느끼고 행동하는 방식을 조금만 변화시키면 된다. 그래서 '불행'이란 준비가 부족한 현실에서 일어나는 것이다. 아무런 준비가 없는 이가 어떻게 행복을 선택할 자유를 누릴 수 있겠는가?

세계적인 청량음료 회사인 코카콜라 전 회장 더글라스 대프트는 그의 신년인사에서 이렇게 말했다. '인생을 5개의 공을 던지고 받아야 하는 저글링(juggling)이라고 가정해보자. 각각의 공을 일, 가족,

건강, 친구, 영혼이라고 명명하고 모두 공중에 떠 있다고 생각해보자. 일은 고무공이라서 떨어뜨리더라도 바로 튀어 오르지만, 다른 4개는 유리로 되어 있어, 이 중에서 하나라도 떨어뜨린다면 그것은 긁히고 상처 입고 깨져서 다시는 원래의 모습으로 회복될 수 없다. 이 사실을 이해하고 여러분은 인생에서 이 5개의 공들이 균형을 갖도록 노력해야 한다.'

행복은 무언가 하나만으로는 만들어낼 수는 없다. 나와 나의 주변을 둘러싸고 있는 여러 상황들이 균형 있게 조화를 이루어야만 한다. 더글라스 대프트는 행복을 위한 다섯 개의 공 가운데 일을 제외한 나머지 네 개가 실은 더 지키기 어려우며 위태로운 것임을 강조한 것 같다. 어쨌거나 그가 던진 다섯 개의 공을 필자는 조금 바꾸어 일, 돈, 관계, 건강, 자아라는 다섯 개의 공으로 준비했다. 이제 행복한 삶을 위한 '다섯 개 공의 저글링'을 시작해보자.

이 책은 2013년 출간된 이후, 여러 언론뿐만 아니라 특히 젊은 독자분들께 과분한 사랑을 받았다. 그리고 10년이 지난 2023년 개정판을 다시 출간한다. 10년이 지났음에도 우리가 느끼는 삶의 질과 행복지수는 크게 바뀌지 않은 듯싶어 무거운 마음으로 다시 개정판을 출간한다. 행복과 행운이 함께 하길 바란다.

행복에 관한 명상

슬거움과 행복은 시신을 째게 민든다. | 베이스피어

행복이란 친구와 어울려 노는 것이다. | **찰스 슐츠**

인간은 스스로 행복을 만들어내는 기능공이다. | **헨리 데이비드 소로**

사람이 의식에 눈뜬 최초의 순간부터 의식이 사라질 때까지 가장
열심히 찾는 것은 뭐니 뭐니 해도 역시 행복의 감정이다. | **칼 힐티**

하루가 행복해지고 싶으면 술을 마셔라.
일 년을 행복하게 살려면 결혼을 해라.
평생 행복을 느끼려면 정원을 가꿔라. | **중국 속담**

사랑은 떨리는 행복이다. | **칼린 지브란**

살아 있는 동안 행복하게 지내라.
죽어 있는 시간이 길지니. | **스코틀랜드 속담**

행복이 무엇인지 이해하면서 자란 행복한 아이들은 자신에게 주어진 학문의 기회를 기쁨으로 받아들이고 다른 일의 행복에도 이바지하며 살 것이다. | **넬 나딩스**

행복은 우리 인간이 훌륭하고 멋진 인생이라는 것에 투자하는 대가로 자연이 지불해주는 이자이다. 그것은 완성되었을 때의 포상금이 아니라 올바른 방향으로 첫 걸음을 내디딜 때부터 받을 수 있는 배당금이다. 게다가 복리로 늘어난다. | **베란 울프**

행복한 사람은 객관적으로 생활하며, 자유로운 애정과 광범위한 흥미를 지닌 사람이며, 이러한 흥미와 애정을 통해 자기의 행복을 성취하고, 또 자기가 남에게 흥미와 애정의 대상이 됨으로써 행복을 느끼는 사람이다. | **버트란트 러셀**

WORK

첫 번째 공

일

01

요즘 세상에
꿈의 직장이라니!

"독심술이라?"

서류를 훑어보던 김 상무가 중얼거렸나. 신입사원 면접지인 하현우의 '취미·특기' 칸에 독심술이라고 쓰여 있었다. 1987년생, 27세. 소위 88만원세대다. 대부분의 지원자들은 취미·특기 칸에 흔한 영화감상, 독서, 여행 등을 쓴다. 간혹 스킨스쿠버라든지, 암벽 등반 등 독특한 취미를 가진 사람도 더러 있지만, 독심술이라고 쓴 지원자는 처음이었다.

"하현우 씨, 독심술을 배우셨나요?"

면접위원인 김 상무는 궁금해서 하현우에게 질문했다.

"아닙니다."

현우가 단호하게 대답했다.

"그래요? 그런데 왜 특기가 독심술이라고 했지요?"

"네. 그것은 제가 하도 면접을 많이 봐서 이제는 면접관의 표정이나 말투만 보아도 마음을 읽을 수 있기 때문입니다."

김 상무가 웃었다. 이어 현우가 진짜로 준비한 대답을 했다.

"실은 제 습관 중에 다른 사람을 배려하는 것이 있습니다. 그래서 주위 사람들이 무엇을 원하는지를 먼저 파악해 편하게 해주기 때문에 주위 사람들이 독심술을 하냐고 묻곤 합니다. 그래서 제가 남의 생각을 읽는 독심술이 있다고 생각했고, 독심술이 제 특기라고 썼습니다."

"허허. 재미있는 친구군요."

면접위원들이 함께 웃었다. 같이 있던 다른 면접자들은 어리둥절해 있는데 현우는 속으로 쾌재를 불렀다. 자신이 계획했던 대로 면접관들의 관심을 끌었고, 준비한 답을 말해 좋은 인상을 심어주었기 때문이다.

○

취업·인사포털 인크루트는 입사 2년 차 이내의 새내기 직장인 849명에게 설문조사를 한 결과, 전체의 86.8%(737명)가 면접관들의 말이나 행동을 통해 합격을 직감한 경험이 있는 것으로 나타났다고 밝혔다. 특히 이들 중 89.7%(661명)는 이렇게 감지한 신호가 실제로 합격으로 이어졌다고 응답했다. 또한 합격임을 직감케 한 면접관의 행동은 '내 얘기에 긍정적으로 맞장구쳐줄 때'(47.9%)라는 응답이 가장 많았고, '내게만 집중적으로 질문할 때'(36.8%)라는 응답도 좋은 신호로 인식되었다. 합격을 직감케 하는 면접관의 말로는 "합격하면 바로 일할 수 있나요?"(63.6%), "합격한다면 잘 할 수 있겠어요?"(33.8%)가 가장 많았다.

○

'이메일이 도착했어요.'

현우가 컴퓨터를 켜자 알림 메시지가 떴다. 클릭해 보니 면접을 본 회사에서 온 메일이다.

'축하합니다. 하현우 님. 당사에 합격되었음을 통보 드립니다. 첨부된 구비서류를 가지고 25일 9시까지 당사 인사부로 나오십시오. 인사담당자 최명길'

현우는 메일을 확인했지만 믿기지가 않아 담당자에게 전화를 걸었다.

"네. 오성전자 인사부 최명길입니다."

"안녕하십니까? 저는 하현우라고 합니다. 오늘 메일은 받았는데 정말 제가, 그러니까 하현우가 정말로 합격한 것입니까?"

현우는 너무 기뻐 흥분이 되어서 말을 더듬었다.

"아, 하현우 씨군요. 합격을 축하드립니다. 메일에 쓰인 대로 서류를 준비해 25일 오전 9시까지 저희 회사 9층 인사부로 나오시면 됩니다."

"네, 네, 감사합니다. 감사합니다."

더 이상 무슨 말을 해야 할지 몰라 전화기에 대고 연신 고개를 숙이며 감사하다고 되뇌었다. 그 어렵고 힘든 취업 합격 통지를 받은 것이다.

○

요즘 '이태백(이십 대가 태반이 백수다)'이란 말도 옛말이 되어버렸다. 그보다는 도리어 '십장생(십대부터 장래 생각을 해야 한다)'이라는 말이 유행하고 있다. 대학을 졸업하기도 전부터 취업 걱정을 해야 하는 절박한 현실을 반영한 신조어이다. 한때는 '사오정(사십오 세가 정년)' 또는 '오륙도(56세까지 다니면 도적놈)'라는 말이 유행했는데 이제는 이런 말을 꺼내기조차 우습다. 이런 말들은 직장을 가진 사람들의 배부른 소리에 지나지 않기 때문이다. 취업을 못한 88세대 우리 젊은이들에게는 꿈과 같은 말들이다.

일과 직업의 의미 변화

일을 뜻하는 독일어 '아르바이트(arbeit)'는 예전에는 '노고(勞苦)'와 '신고(辛苦)'라는 뜻을 가리켰다. 스페인어 'trabajo'는 일이라는 뜻 외에 '신고'와 '고통'을 의미했으며, 영어의 'labour' 역시 '산통'이라는 뜻이 담겨 있었다. 라틴어 'labor'는 원래 '짐을 지고 휘청거린다'는 뜻이었다.

따라서 어원으로 보면 일이란 일시적으로 지나가는 고통이었다. 중세에 일이란 성취감을 느끼는 과업이라기보다는 '고된 짐'이라는 생각이 일반적이었다. 기독교 교리는 노동이 아담의 원죄에 대한 벌이라 강조했고, 그리스 고전 전통에서는 땀 흘리는 육체노동보다는 여가 생활에서 미덕을 찾았다.

독일어로 '직업'은 'beruf'라고 한다. '누구를 부른다'라는 뜻의 동사 'berufen'에서 파생되었다. 직업이란 신이 인간을 불러 일일이 부여하는 하나의 의무라는 것이다. 그러나 오늘날의 직업은 다른 의미를 지니고 있다. 더 이상 직업은 고통이나 수고의 대명사가 아니고 오히려 그 사람의 삶에 활기를 불어넣어주는 것이다. 그 대신 일주일에 며칠, 하루 몇 시간 동안 규칙적이고 꾸준히, 뚜렷한 목표의식을 가지고 해나가는 행위가 되었다.

꿈이 중요해? 밥이 중요하지

요즘처럼 풍요로운 세상에서는 사회 변화의 속도가 워낙 빨라서 사람이 적응하기 힘들 정도다. 인터넷 문화로 인해 사랑에 빠지거나 우정을 키워나가는 방식이 바뀌고 일하는 방식마저 바뀌고 있다. '평생직장'이라는 개념은 종말을 고한 지 오래다. 더구나 돈벌이는 물론 삶의 지평까지 넓혀주는 이상적인 직업을 찾고 싶어 하는 바람까지 커져서, 적절한 직업 선택을 둘러싼 혼란도가 가중되었다.

대학 입시를 앞둔 학생에게 꿈이 뭐냐고 물으면 아마도 명문대학을 가는 것이라고 대답할 것이다. 다시 왜 명문대학을 가려고 하냐고 물으면 좋은 직장을 얻기 위해서라고 답할 것이다. 다시 어떤 직장이 좋은 직장이냐고 물으면 높은 연봉, 쾌적한 근무환경 등을 요건으로 들 것이다.

왜 높은 연봉을 받고 싶으냐고 물으면 큰 집도 사고, 좋은 자동차도 사고, 해외여행도 자주 다니고 가족들과 잘 살기 위해서라고 답할 것이다. 그러나 취업하기가 '낙타가 바늘구멍 들어가듯이' 정말 어렵다. 명문 대학만 나왔다고 해서 그냥 취직이 되는 것도 아니다. 취업을 위해 재수도 하고, 특별 과외도 받아야 되는 것이 우리 세대가 처한 냉엄한 현실이다.

취업박람회에 가거나 흔히 볼 수 있는 취업안내책자를 가볍게 넘기다 보면 처음에는 세상에 직업이 많고도 많다는 생각에 희망이 보인다 싶고 기분이 좋아진다. 그러나 얼마 지나지 않아 너무 많은 가능성 때문에 오히려 정신이 멍해지고 혼란스러워지기 십상이다.

회계사 공부를 시작할까? 아니면 자선단체에서 일자리를 찾아볼까? 안정적인 공무원이 되는 편이 나을까? 항상 해보고 싶었던 요가 카페를 여는 모험을 해볼까?

직업 선택 때문에 고민하는 이런 상황이 현대에 들어와서 생긴 딜레마라는 사실을 우리는 종종 망각한다. 취업 전선에 나선 이들은 마치 전시 상황의 대기병과 같은 심정일 것이다. '당장 취업이 안 되는데 무슨 직업관이며, 적성 타령이야! 배부른 소리하네. 꿈이 중요해? 밥이 중요하지'라고 푸념을 하면서 어디든지 채용만 해준다면 앞다투어 들어가려고 한다.

고민도 없이 고민의 기준도 없이

우리는 인생 대부분을 직장에서 보낸다. 그래서 당연히 일과 행복은 아주 밀접한 관계가 있다. 직업은 행복의 외적 환경 가운데 아주 중요한 환경이다. 그런데 취업을 앞둔 20대 젊은 친구들이 직업을 선택하는 기준은 의외로 간단하다. 월급 꼬박꼬박 받으며 정년이 될 때까지 안정적으로 다니면 된다는 것이다. 이상하리만치 자신의 직업을 선택하는 데 있어 고민하지 않는다. 사실 판단이나 고민의 기준 자체가 없는 경우도 많다. 직업 선택에 대한 시원한 정답이 없기 때문에 다소 운에 따라 직업을 갖게 되기도 한다. 정신 차리지 못할 정도의 온갖 고뇌와 잠재되어 있는 수많은 긴장 속에서 수백만 명의 사람들이 자신의 적성과 능력에 맞는 직업을 찾지 못할 뿐만 아니라 심지어 하기 싫은 일을 하면서까지 생활비를 벌고 있다.

지피지기

우리 사회 20대의 키워드는 단연 '청년 실업'이다. 대부분의 선진국이 먼저 겪었던 '저성장'과 '인구 감소' 현상은 취업이라는 개인적 문제를 실업이라는 사회적 문제로 돌려놓았다. 1991년 1,200만 명이던 청년층 인구가 2021년 985만 명으로 감소했음에도 불구하고, 같은 기간 청년 실업률은 5.4%에서 9.4%로 상승했다. 그리고 2012년 통계청 자료에 의하면 그나마 어렵게 취업한 첫 직장의 평균 근속기간은 1년 4개월에 불과하다고 한다.

손자병법에 '지피지기 백전불태(知彼知己 百戰不殆: 적을 알고 나를 알면 백 번 싸워 위태롭지 않다)'라고 했다. 취업 역시 일종의 전쟁이라면 나를 아는 것도 중요하지만 남, 즉 기업의 채용 전략을 아는 것도 매우 중요하다.

기업은 인재를 선발하는 데 손쉬운 buy를 선택하지 않고 make하는 전략으로 바꾸고 있다. 다시 말하면, 모든 조건을 완벽하게 갖춘 인재가 아니라 필요한 자질을 갖춘 재목을 찾아 좋은 인재로 만들어가는 방식을 택한 것이다.

대학생들은 취업에서 가장 중요한 요소로 영어, 출신대학교, 업무 관련 경험 순으로 알고 있으나 상당수의 기업에서는 인성, 적성, 영어 순으로 직원의 채용기준을 삼고 있다. 결국 잘못된 스펙(spec) 쌓기는 잘못된 투자, 과잉 투자라는 것이 증명되었다. 이런 엇박자 속에 수없이 탈락을 하고 나면 자신도 모르게 니트 족(NEET족: Not in Education, Employment or Training)이 되고 만다. 니트 족이란 교육, 노동, 직업 훈련 어느 것에도 참가하지 않는 상태로, 대체로 아르바이트나 파트타임이라는 형태로 일하는 무직자 중에서 정식 구직 활동을 하지 않는 자를 말한다. 정규직은 고사하고 비정규직도 되지 못해서 아르바이트로 생계를 유지하는 소위 88만원 세대가 되어버리고 만다.

꿈의 직장에 대한 욕심

우리는 종종 자기 자신이 원하는 일을 하게 되면 가족을 제대로 부양할 수 없다는 판단 때문에 적성에 맞지 않는 일을 그만두지 못한다. 직장에 의해 '하기 싫지만 해야만 하는 일'을 하도록 내몰리고 있다.

대학 시절에 파트타임으로 일하고, 사회에 나와서 일주일에 40시간씩 67세까지 일한다면 우리는 평생 10만 시간을 일하게 된다. 깨어 있는 시간의 4분의 1을 일에 헌신하는 것이다. 미국인들의 평일 평균 노동 시간은 9.5시간이다. 35%는 주말에도 일하며, 31%는 일주일에 50시간 이상 일한다. 경제협력개발기구(OECD)통계에 따르면 한국 근로자의 연 평균 근무 시간은 2,256시간으로 1위다. 독일보다 800시간 이상, 일본보다 500시간 이상, 한국 다음인 그리스보다도 200시간 이상 많다. 한정된 시간에 얼마나 많은 일을 하느냐는

그다지 중요한 게 아니다. 업무량의 정도보다는 스스로 결정할 수 없다는 게 우리를 더욱 힘들게 한다. 근심 걱정에 시달리며 위궤양을 앓는 사람은 항상 바쁜 경영자가 아니라, 쉬지도 않고 이런저런 지시를 해대는 상관으로부터 시달림을 당하는 부하 직원이다.

직장인이라면 누구나 꿈의 직장을 그리며 산다. 더 높은 보수를 주고, 스트레스가 적고, 매력적이고, 쉽고, 더 큰 만족을 주는 직장일 것이다. 아마도 존재하지 않는 상상 속의 직장일 가능성이 더 크다. 어떤 형태로든 평생을 같이 해야 할 일에서 행복을 느끼려면 다음의 세 가지가 필요하다.

첫째, 자기에게 맞는 일을 해야 한다
둘째, 너무 많이 하지 말아야 한다
셋째, 일을 통해 성공을 느껴야 한다

직업은 그대의 인생 자체이며 그대의 행복 그 자체여야 한다. 앞으로 다가올 내 인생의 행복과 불행의 중심에는 '일'이 놓여 있기 때문이다. 현실적인 여건으로 꿈의 직장을 갖는 노력 자체를 쉽게 포기하는 경향이 있다. 그러나 꿈의 직장을 얻으려는 욕심은 절대 버려서는 안 될 꿈이다.

02

어차피 해야 할 일은
누구보다 완벽하게 하라

'아니, 내가 이따위 복사나 하려고 대학 나오고 취업 공부
에 목숨을 걸었단 말이야?'

현우는 은근히 화가 치밀어 올랐다. 발령 받는 지 3개월이 지났는데
도 변변한 일거리 없이 오늘도 복사기 앞에 서 있다. 보고자료 20부를
복사해야 한다. 잠시 복사를 중단하고 복도로 나가 커피 한 잔을 뽑아
들고 창가에 섰다.

현우는 나름대로 열심히 취업 준비를 한 결과 오성전자에 합격했다.
연수를 마치고 부서 배치를 받아 꿈에 그리던 첫 직장 생활을 시작했
다. 세상을 모두 얻은 듯한 기분이었다. 이제 부모님으로부터 독립해 원

룸에서 생활하고, 자가용도 사서 출퇴근하면서, 헬스클럽에서 운동도 하는 멋진 인생이 눈앞에 기다리고 있다고 생각하니 현우는 괜히 마음이 설렌다. 한 편의 드라마를 쓰고 있었다.

하지만 현실은 그게 아니었다. 환상이 깨지는 데는 그리 오랜 시간이 걸리지 않았다. 직장 생활이란 생각했던 것만큼 재미있고 즐거운 곳만은 아니었다. 게다가 신입사원이라 제대로 된 업무를 맡기보다는 선배의 보조 역할을 맡아 잔심부름 중심의 일이 많았다. 별로 중요하지도 않은 잡무로 바빠 매일 야근을 하다 보니 자기계발이나 운동을 할 여유도 없었다. 그리고 자가용은커녕 지하철이라도 편히 탈 수 있었으면 더 이상 소원이 없겠다 싶다. 출퇴근에 대중교통을 이용할 때면 여간 고생스럽지 않다. 마을버스로 지하철역까지 나오고 다시 환승역에서 지하철을 갈아타야 하기 때문이다. 매일 만원인 지하철 속에서 시달리다 보면 출근하기도 전에 진이 다 빠진다.

이렇게 진을 빼고 출근하면 오전이 어떻게 지나갔는지 정신이 없다. 점심시간에는 직장 주변에 있는 좁은 골목의 식당으로 간다. 길게 줄을 서서 기다리다 한 그릇 얻어먹고 나온다. 내 돈 주고 밥 먹는 것도 전쟁이다. 옆 식당에 아무리 자리가 많이 있어도 기어이 그런 집 앞에 줄을 서서 먹는 건 왜일까.

현우가 담당하는 일은 본사의 관리업무라서 노동 강도가 그리 세지 않은 편이고, 대부분 일과가 정시에 끝난다. 일과를 마치고 나면 공연

히 선배들이 술자리 건수를 만든다. 술을 좋아하는 직속 선배 이 대리
는 끝까지 마시는 버릇이 있어서 가끔은 자정을 넘겨 택시로 귀가하기
도 한다.

'내가 이러려고 회사에 취직했나?'

현우는 빈 커피 잔을 들고 잠시 생각에 빠졌다. 그때 주위에서 인기
척이 났다.

"그래, 일은 할 만해?"

같은 부서 선배, 정창환 대리였다. 정 대리도 손에 종이컵을 들고 있
었다.

"아, 선배님. 할 만합니다!"

현우는 마치 군대 상관에게 복창하듯이 똑바로 서서 씩씩하게 대답
했다.

"허허. 여기가 군댄가, 사회지. 직장이니 그럴 필요 없어. 그리고 나도
다 알지. 무슨 생각하는지. 나도 다 그런 과정을 겪었거든."

정 대리는 직장 3년 선배로 대학 선배이기도 하다. 그래서인지 다른
직원보다 현우에게 더 친절하게 지도해주고 있는 편이다.

"지금 이런 생각을 할 거야. 내가 대학 나와 하찮은 복사나 하고 있
다니 정말 한심하다."

현우는 속으로 덜컥했다. 마음을 꿰뚫어 보다니.

"나도 3년 전에 똑같은 생각을 하면서 이곳에서 창밖을 보며 서 있

었거든.”

정 대리도 옛날을 회상하면서 한마디 했다.

“아니, 선배님도 그런 생각을 하셨어요?”

“하하. 그렇다니까. 나뿐만 아니라 당신의 1년 선배, 2년 선배 모두들 같은 생각을 하고 여기 서서 커피를 마셨지. 여기가 명당자리인가 봐.”

정 대리는 다음 승진 1순위로, 유능하고 촉망 받는 사원이다. 그런 정 대리도 같은 생각을 했다니 의아했다.

“하현우 씨, 그냥 한번 냉정하게 생각해봐. 누군가가 서류를 복사해야만 하는데 지금 자네가 안 하면 누가 해야지?”

현우는 자기 바로 1년 직속 선배 조성래를 떠올렸다.

“글쎄요. 아마 조 선배가 하시겠지요?”

“그래, 맞아. 그런데 이 일을 조 선배가 하는 것이 좋겠나?”

“아니요. 제가 당연히 해야죠.”

현우는 엉겁결에 대답했다.

“자, 이제 기분이 좀 나아졌나? 남은 복사를 하러 가야지.”

커피 한 잔을 하면서 가볍게 나눈 몇 마디 대화 속에서 현우는 뭔가 깨달은 듯했다. 현우는 생각했다. 이왕 할 일이라면 내가 하고, 하기로 했으면 즐겁게 하자.

그렇게 마음을 고쳐먹고 나니 복사하는 일이 짜증스럽지 않았다. 복사물을 분류해 스테이플러로 찍으면서 자기도 모르게 콧노래가 나왔다.

"어이, 현우야. 너 뭐 좋은 일 있냐? 그러면 저녁때 소주 한 잔 사라."

입사 동기인 성일이 곁을 지나가다가 한마디 건넸다.

"어, 성일이냐? 그래 이따 거기서 보자. 까짓것 오늘 내가 한 번 쏜다!"

그래도 따분한 직장 생활에 한 가지 즐거움이 있다면 퇴근 후 동기들과 한 잔 하는 재미다.

◉

대기업에 입사한 신입들은 부서 배치를 받고 업무에 실망하는 경우가 많다. 한 인터넷 구직 사이트의 설문조사 결과, 업무 관련하여 직장인이 서러운 순간 1위가 '잡다한 업무를 도맡아 할 때'(42.3%)로 드러났다. 뒤를 이어서 '대충 지시하고 끝난 후 다시 하라고 할 때'(33.2%), '퇴근 시간 직전에 업무 넘겨받을 때'(32.7%), '일은 이미 끝냈는데 눈치 보여 야근할 때'(32.6%), '업무 때문에 자기계발 등은 상상도 못할 때'(32.1%) 등의 답변이 뒤를 이었다.

홈플러스 부회장의 신입사원 시절

요즘은 직장 세태가 조금 달라졌지만 예전에는 신입사원은 카피(copy)와 커피(coffee) 심부름이 주 업무였다. '내가 복사하러 여기 있나?', 또는 '커피도 제 손으로 못 타 먹나?' 속으로 중얼거리면서 말이다. 신입사원이 스스로 무너져 내린다고 생각하는 순간은 바로 '기대'에 어긋나는 상황에 부딪힐 때일 것이다. 이런 시절을 슬기롭게 극복해 낸 홈플러스(Homeplus) 이승환 부회장의 삼성 신입사원 시절의 일화가 유명하다.

그 역시 첫 일은 다른 신입사원과 마찬가지로 문서 복사 업무였다. 그런데 함께 입사한 다른 동료들은 마지못해 대충 복사를 했다. 그러다보니 빠진 것도 많고, 잘못 복사한 것도 생겼다. 그래서 선배들로부터 많은 질책을 듣곤 했다. 이에 비해 이승환 부회장은 복사하는 일에도 공을 들였다. 시간이 조금 더 걸리더라도 꼼꼼히 챙겨 내용과 부수를 확인하고 스테이플러로 찍어서 선배에게 가져다주었다. 그래서 선배들로부터 '카피는 역시 승환이야'라는 평을 받았다.

그런 평판을 얻은 대가로 복사하는 일 외에 사질구레한 많은 일들이 그에게 맡겨졌다. 그는 그 일 역시 열심히 해냈다. 덕분에 결국 다른 입사 동기들보다 6개월 먼저 현장에 투입되는 행운을 얻게 되었다. 다른 동료보다 먼저 업무 현장에 첫 발을 디딘 덕분에 그는 승승장구해 삼성에서의 임원 승진도 동기들보다 빨랐고, 결국에는 홈플러스의 부회장까지 되었다. 이승환 부회장의 성공 사례가 주는 메시지는 다음과 같다. 어차피 해야 하는 일은 다른 누구보다 잘, 그리고 제대로 해라.

백만장자의 99%는
'좋아하는 일'을 선택한 사람

자신이 하고 있는 일에 대해 무언가 잘 안 풀리면 냉정하게 나에게 맞는 직업은 과연 무엇인가를 한 번쯤 고민해볼 필요가 있다. 자신의 직업에 대해 한 번쯤 깊게 생각해본 적이 있는가? 일은 어떻게 만들어지고, 어떻게 선택되고, 어떻게 변화하여 왔으며, 어디로 가는가? 일이라고 꼭 경제적 대가를 받는 것만을 의미하는 것은 아니다. 무언가를 하는 것에 성취감을 느끼는 것. 일이란 우리가 시간을 잘 쓰고 있음을 인정받는 것이다. 보수는 그 뒤를 따르는 것이다.

자본주의 사회에서 경제활동은 필수이고, 그 경제 활동의 주체는 바로 일이다. 그렇기 때문에 많은 사람들이 일을 위해 직업을 찾고 또 바꾼다. '현재의 직장이 사회에 나와서 자신이 희망했던 직업인가?'라고 한 취업 포털사이트에서 직장인에게 설문조사를 했다. 그 결과 53.5%가 아니라고 답했다. 뿐만 아니라 직장 1년차인 사회 초년생들조차도 이직률이 30%가 넘는다고 한다. 직장인의 2/3가 자기 직업에 만족하지 못하며 현재 직업이 애초 기대에 부응하지 못한다고 생각하는 것으로 나타났다.

일을 선택할 자유가 주어졌는데도 자기 일에 만족하지 못하는 이런 아이러니가 어떻게 생겨난 것일까? 1960년부터 20년간 미국 브

루클린 연구소에서 아이비리그(Ivy League) 졸업생 1,500명을 대상으로 '직업 선택 동기에 따른 부의 축적 여부 조사'를 했다. 이들 중 1245명(83%)은 '돈을 많이 버는 일'을 선택했고, 255명(17%)은 '좋아하는 일'을 선택했다. 20년 후인 1980년, 101명이 백만장자가 되었는데, 이들 중 100명이 '좋아하는 일'을 선택한 사람이었다. 단 1명만 '돈을 많이 버는 일'을 선택한 사람이었다.

10년 단위 직장 인생 사이클을 짜라

우리의 삶에 있어서 직업이란 사실 '임시적인 것'이다. 그리고 직업이란 '배움'이며, '만족'이며, '변화'이다. 우리는 평생 남의 고용살이를 하려고 이 세상에 태어난 것은 아니다. 현실적 여건에 치어 너무쉽게 망각하고 있지만, 우리에게는 원하는 일을 하면서 살 자유가있다.

사람들은 대부분 처음에 직장 생활로 경제활동을 시작한다. 그리고 점차 자신의 사업을 하려고 수천 번 시도한다. 지금이 아니면 영영 못할지도 모른다는 생각에 곧장 실행에 옮기려고도 하지만, 그렇게 쉽지만은 않다. 만일 우리가 원하는 그 순간에 원하는 일을 자유롭게 하면서 살기 위해서는 자신의 직장 인생을 10년 단위 큰 사이클로 나누어 생각해야 한다.

20대는 열정, 30대는 변화, 40대는 도전, 50대는 창의의 시대이다. 20대에는 우선 자신의 재능과 열정을 마음껏 펼칠 수 있는 곳에 몸담고 일해라. 배우며 저축해야 한다. 30대에는 자신의 경력이나 입지를 업그레이드시킬 수 있는 변화를 염두에 두어야 한다. 배움 또는 더 나은 환경으로의 이직 등을 통해 자신의 역량을 확장·심화시킨다. 40대에는 자신만의 구상에 한 번쯤 도전해보아야 한다. 2,30대를 거쳐 쌓아온 경험, 전문성, 인맥 등이 기반이 될 것이다. 50대에는 이 모든 것을 통해 자신만의 브랜드, 자신만의 일가를 우뚝 세울 수 있도록 해야 한다.

물론 누구나 이렇게 살고 싶기는 하나 쉽지만은 않다. 하지만 이렇게 직장 인생의 사이클을 계획하고 사는 것과 그저 하루하루 기계적으로 출퇴근하는 것은 나중에 큰 차이를 만든다. 4,50대에 이르러 자신의 구상에 도약하고 성취의 뿌듯함을 느낄 수 있는 것은 결국 이런 계획과 실천 속에서다.

03

직장에서 행복을
결정하는 두 가지 질문

어느덧 직장 생활을 한 지도 반년이 지났다. 현우는 잔무에서는 벗어났지만 맡은 업무가 난숙해 큰 변화 없는 일상을 반복하고 있었다. 그러나 직장 생활은 환상이 아니라 현실이다. 그리고 단순 반복이다. 현우가 맡은 일 역시 한두 달 지나자 어느덧 익숙해져 약간 지겹게 느껴지기도 했다. 그러던 중 오늘 아침에 사건이 터졌다. 어제 올린 기획안 때문에 한 부장에게 혼쭐이 났다.

"하현우 씨! 이걸 기획안이라고 올렸어요?"

한 부장은 서류 뭉치를 내던지며 현우에게 호통을 쳤다.

"미래의 인재 좋아하시네! 인재는 무슨 인재? 인재(人才)가 아니라 인재(人災)구만. 인사부 놈들은 눈깔이 다 삐었나? 한심한 친구를 인재라고 뽑아서 영업기획부에 보내다니. 원! 내참 한심해서. 내일 모레까지 다시 만들어 놔요!"

한 부장은 시종 못마땅해서 혀를 끌끌 차면서 현우를 혼냈다. 내일은 어린이날로 공휴일인데 모레까지 다시 만들라고 하면 휴일에 쉬기는 다 틀린 일이다. 모처럼의 공휴일인데 사무실에서 일을 해야 한다니 억울하기도 했다. 하지만 어쩔 수 없는 일이다. 한 부장이 저렇게 난리를 치는데 못 하겠다고 할 수는 없었다.

"예. 모레까지 다시 만들어 놓겠습니다."

하는 수 없이 현우는 서류를 다시 집어 들면서 모기 소리로 대답했다.

"글쎄, 요즘 신입사원들은 뭐가 모자라도 한참 모자란단 말이야. 개중에서는 똘똘한 놈도 있는데, 하필이면 저런……."

한 부장은 뭔가 험한 소리를 하려다가 말을 끊었다. 현우 역시 기분이 말이 아니었다. 그냥 참고 들으려니 속에서 뭔가 치밀어 오르는 것 같았다. 조용히 자리에서 일어나 복도로 나갔다. 자판기에서 커피 한 잔을 뽑아 창 쪽으로 갔다. 마음을 달래기 위해서다.

"걔는 왜 그러니? 좀 모자라 보이지 않니?"

"글쎄. 낙하산이라고 하던데?"

"아니야, 대학을 수석으로 졸업했다고 하던데?"

"수석 좋아하시네! 물 '수(水)'에 돌 '석(石)'이겠지. 3류 지방대학 출신이 어련하겠어."

"수석이면 다 같은 수석인가 뭐. 성일 씨 봐라, 얘. 걔는 킹카더라. 죽이더라. 잘 생겼지. 게다가 한국대 수석이래."

"그래. 성일 씨가 영업기획과에 가야 되는 거 아니야?"

"그렇다니까. 그런데 3류 대학 출신이 기획과에 발령 난 게 아니야. 그러니까 뭔가 있는 거야. 낙하산이 아니고는 그럴 수가 없지. 암!"

"그래, 소문에 말이야. 사장님하고 뭐 된다고 그러던데."

복도 끝에 있는 여직원 탈의실에서 나는 소리였다. 퇴근을 위해 옷을 갈아입으면서 재잘거렸다. 현우는 직감적으로 자기를 두고 하는 말인 줄을 금방 알아챘다.

'빽 좋아하네. 먹고 죽으라고 해도 없네.'

현우는 속으로 말하며 피씩 웃었다. 직장이란 TV 드라마에 나오는 그런 환상적인 곳이 아니었다. 싸늘하고 살벌한 곳이라는 것을 새삼 깨달았다.

○

우리 모두는 항상 바쁘다. 우리는 스트레스를 받으며 산다. 우리는 '괴로워하는 한국인'이며, 그 때문에 '위험에 처한 88세대들'이다. 우리는 스스로를 더욱 가혹하게 몰아붙이며, 방해되는 사람들을 가차 없이 밀어내고 있다. 완벽한 직장을 얻으면 평생 행복이 보장될 거라고 믿고 살았는데 막상 직장을 얻고 보니 행복은 상상만큼 크지도, 오래 지속되지도 않음을 알게 된다면 몹시 괴로울 것이다. 완벽해 보였던 직장을 얻어도 기대만큼 행복해지지 않고, 그 행복이 너무나 짧게 끝나버리면 우리는 문제에 봉착하게 된다. 아무리 밀어 올려도 결국 다시 굴러 떨어지는 바위를 끊임없이 밀어 올리는, 다시 말해 영원히 반복되는 노동은 신이 인간에게 내릴 수 있는 가장 고통스러운 형벌 중에 하나다. 시지프스(sisphos)처럼 직장인들은 매일 거의 똑같은 일을 반복적으로 하고 있다.

직장에서 행복을 결정하는 두 가지 질문

신입사원으로서 가장 큰 설움은 직장에서 하는 말이 분명히 '한국 말'인데 못 알아듣는다는 것이다. 상사의 지시를 정확하게 파악하는 데 많은 시간과 노력이 요구된다. 그 과정은 지겨운 고통이다. 그러나 그러는 사이에 스스로 발전하며, 이런 과정을 통해 결국 11번 고친 기획서는 좋아진다.

직장인이면 누구나 '당신의 전공과 무관한 일인데, 정말 행복해서 하는 일인가?'라는 질문을 받게 된다. 직장에서 행복을 결정하는 두 가지 질문이 있다. 첫째, 지금 내가 하고 있는 일이 나에게 의미를 가져다주는가? 둘째, 나와 주변 사람들과 관계가 좋은가?

지금의 일을 계속할지 말지 결정하고 싶다면, 우선은 먼저 당신이 가진 기술을 직장에서 활용할 수 있도록 노력해야 한다. 그리고 현재의 일이 가치 있는 것이라고 여겨지는 일을 찾아서 하라. 그리고 자신의 업무에 대한 장악력을 높이고, 동료들과 친분을 가지도록 해야 한라. 그런 뒤에 지금의 일이 만족스럽지 못한지 고민해보아야 한다.

성공해서 행복한 사람,
행복해서 성공한 사람

그런데 직원들만 현재 일에 만족하지 못하고, 경영자는 자기 일에 만족하고 행복해하는가? 경영자들은 대부분 일주일에 7,00시간 씩 근무하는 일중독자들이다. 또한 최고경영자는 실제로 무언가 성과를 내야 한다는 중압감에 시달린다. 컴퓨터로 인해 정보가 넘치는 시대에 즉각 반응하지 않으면 살아남지 못하고, 세계 구석구석과의 소통이 중요하기에 바쁘게 세계를 누벼야 한다. 게다가 실패의 공포로 괴로워하고, 주위 사람들의 질투와 시기도 이겨내야 한다.

미국 월 가에서 연봉 100만 달러를 받다가 사직한 윌리엄 라라는 '뉴욕에 있을 때 하루 12시간 이상 일하며 돈을 벌었다. 하지만 어느 순간 자신을 위해서 일하는 것이 아니라는 것을 깨달았다. 일주일에 한 시간도 가족들과 대화를 나눌 수 없고, 피곤했으며, 늘 짜증을 내며 살았다. 연봉이 높아질수록 여유는 더 없어졌'고 토로했다.

미국에서 성공한 CEO를 대상으로 성공과 행복의 상관관계를 조사한 결과, '성공해서 행복했다'고 대답한 사람이 37%, '행복해서 성공했다'라고 대답한 사람이 63%로 일반인의 통념과는 반대의 결과가 나왔다. 결국은 직장인일 경우 경영자든 직원이든 좋아하는 일을 하면서 행복해 한 시간은 하루 시간 평균 2시간 42분밖에 안 되는 걸로 조사되었다. 반면 즐겁지 않은 일에 쓰는 시간이 9시간 36분에 달한다고 한다.

스트레스는 이롭다

우리 인간은 행복하거나 선한 존재가 되도록 미리 만들어지지 않았다. 그러나 선의의 경쟁을 할 때 우리는 행복해지고 선한 존재가 될 수 있다. 직장인이 출세 경쟁을 포기하고 자숙한다면 도대체 어디에 쓸모가 있다는 말인가? 인간은 경쟁을 통해 폭력을 자제하고, 서로 협력하며, 혁신적으로 변한다.

어느 정도의 스트레스는 사실 우리에게 이롭다. 만일 스트레스가 전혀 없다고 느끼는 그 순간 사람은 둔해지고 있는 것이다. 열심히 일하는 것은 결코 손해 보는 일이 아니다. 또 그렇게 열심히 일해 경제적 여유가 있는 사람이 더 오래 일한다는 것은 사실이다.

더 이상 지체할 시간이 없다. 자신에게 맞는 천직을 찾아야 한다. 천직이란 자기만족과 더불어 더 많은 사람들의 행복에 기여하는 직업이다. 또한 제 직업을 천직으로 믿거나 만들고 일에서 즐거움과 보람, 의미를 찾아 만족해야만 행복할 수 있다. 행복한 직장인으로서의 모토(motto)는 '일은 즐겁게, 노동은 쾌락하게'이다.

행복한 직장 생활을 위한 팁

1. 직장과 가까운 곳에 살라.
2. 중소기업에 취직하라.
3. 행복한 작업을 택하라.
4. 자신의 장점에 맞는 일을 하라.
5. 업무 수행에 좋지 않은 영향을 주는 악순환의 고리를 끊어라.
6. '그렇고 그런 일'을 '하고 싶은 일'로 바꾸어라.
7. 고용주가 유연한 태도를 가지도록 설득하라.
8. 안식휴가를 신청하라.
9. 덜 벌고 검소하게 사는 대신 피곤한 일에서 해방되는 다운시프팅 (downshifting)을 하라.
10. 창업하라.

04

직업을 천직으로
승화시키기

'오늘은 어디를 가야 하나?'

신입사원 하현우는 출근하자마자 걱정이 태산이다. 금년에 입사한 현우는 선배들의 설득에 '자의 반, 타의 반'으로 영업을 선택했지만 막상 영업에 배치를 받고 보니 막막했다. 사회 초년생이라 딱히 찾아갈 곳이 없었다. 속된 말로 잠을 자야 아기를 가질 수 있다고, 방문해야할 고객이 있어야 영업을 할 텐데 마땅히 갈 곳이 없었다.

선배 과장이 배당해 준 담당 고객에게 인사차 방문하고 나니 할 말도 없고, 특별한 일 없이 찾아가자니 쑥스럽고 민망하기도 했다. 그렇다고 영업 경비가 넉넉해 매일 점심을 접대할 처지도 못 되었다. 한편으로는 선배의 감언이설에 넘어가지 말고 그냥 기술직을 지망했으면 이런 마음고생은 안 했을 텐데 하는 후회도 들었다. 이제 와서 후회해보았자 때는 이미 늦었다.

사실 꼭 선배의 회유 때문에 영업을 선택한 것은 아니다. 현우도 자기 자신을 시험해 볼 심산이었다. 첫 직장에서 첫 단추부터 잘 끼워보고 싶었다. 그래서 남들이 다 가는 편한 길보다는 어렵더라도 남들이 안 가는 길을 가고자 했던 것이다.

현우는 스스로 선택한 길이기에 승부를 걸어보겠다고 굳게 다짐하고 방안을 강구하기로 했다. 그 방안이란 오전에 영업 팀 회의를 마치면 무조건 고객을 방문하기로 한 것이다. 점심 접대는 경제적으로 부담이 되므로 구내식당에서 점심을 급히 때우고 무조건 오후에 고객에게 향했다. 흔히들 오전은 이성의 시간이고, 오후는 감성의 시간이라고 한다. 현우는 고객들과 딱히 이성적으로 처리해야 될 업무가 없기 때문에 감성적으로 친분을 쌓기 위해 오후를 택했다.

어찌 되었든 간에 고객 방문을 해야 하는데 명분이 없었다. 그러다 생각해낸 아이디어가 바로 'ＯＯ드링크'였다. 'ＯＯ드링크'는 값도 싸서 서로 부담을 주지 않기 때문에 편했다. 고객 회사로 들어가기 전에 약국에 들러 'ＯＯ드링크' 한 박스를 샀다. 평소 안면이 있는 고객 회사 직원과 'ＯＯ드링크'를 나누어 마시면서 이런 저런 이야기를 하고 주위 사람과 사귀는 것이었다.

"최 대리님, 안녕하세요?"

다짜고짜 인사를 하고 드링크를 건넸다.

"응. 하 대표 왔어? 아니 또 뭘 사왔어? 이제는 그냥 와도 돼. 아니 내가 커피를 살게."

비록 신입사원이지만 현우의 명함에는 '영업 대표'라고 찍혀 있었다. 그래서 모두들 하 대표라고 불렀다. 최 대리도 현우의 방문이 싫지 않은 표정이었다. 안 그래도 커피 한 잔 하려던 차였기 때문이다.

"이게 얼마 한다고요. 저도 마실 겸 사왔습니다. 그래, 프로젝트는 잘 진행되고 있는지요?"

현우는 지난번 발주한 프로젝트 상황이 궁금해서 물었다. 드링크제 한 병을 얻어 마셨기에 최 대리는 현우에게 이런 저런 상황을 이야기해 주었다. 현우는 들은 내용을 꼼꼼하게 적었다. 다음 프로젝트 수주를 위해 정보를 모아 두는 것이다.

현우가 사 가는 것이 항상 '00드링크'만은 아니었다. 계절에 따라 더울 때는 아이스콘을 열 개 정도 사갔다. 여름에는 수박을 한 통 사 들고 가기도 했다. 그러다 보니 고객사의 분위기가 조금씩 달라졌다. 꼭 얻어먹어서가 아니라 그 정성이 갸륵해서 일부 고객들은 현우가 오기를 기다리기도 했다. 어쩌다 현우가 내부 업무로 바빠 하루라도 거르면 보고 싶어 하는 고객도 생겼다. 현우의 이런 노력 덕분에 고객사의 직원들과 친해졌고 급기야 직원들 사이에서는 '뭔가 도와주어야 한다'는 분위기가 형성되어갔다.

어느 날 웃지 못할 해프닝이 벌어졌다. 그날은 고객사의 체육 행사 겸 야유회를 하는 날이었다. 평소처럼 현우는 고객사 직원들과 뒤엉켜 한바탕 축구를 하고 있었다. 그런데 고객사의 상무가 현우를 보고 물었다.

"못 보던 친군데, 자네 신입사원인가? 어느 부서에서 근무하지?"

"예, 상무님. 오성전자의 하현우입니다. 잘 부탁드립니다."

현우는 꾸벅 절을 했다. 고객사 상무가 외부 영업사원을 자기 회사 직원으로 착각한 것이다. 현우가 영업사원이라기보다는 마치 동료 직원처럼 행동해서 생긴 오해였다.

'아무리 뛰어난 천리마도 단번에 열 걸음 거리를 뛸 수 없고, 아무리 둔한 말이라고 해도 꾸준히 열흘을 걸어가면 먼 거리에 도달할 수 있다. 성공은 중도에서 포기하지 않는 데 달려 있다. 조각을 할 때도 하다가 그만두면 썩은 나무도 제대로 깎아내지 못할 것이고, 쉬기 않고 꾸준히 깎아내면 금석도 깎을 수 있다'라는 옛 성현의 말씀을 현우가 몸으로 실천한 것이다. 그 결과 고객과 마음의 벽을 허물었다. 정책적으로 결정되는 큰 프로젝트야 어쩔 수 없지만 현장에서 실무자들이 도와줄 수 있는 작지만 짭짤한 프로젝트를 현우가 하나 둘 계약하기 시작했다. 현우가 서서히 영업사원으로 자리 잡은 것이다. 이제 현우는 '드링크 영업의 대가'라는 별명도 얻었다.

○

직장 속에서 나는 어떤 모습인가? 회사나 근무 환경에 대해 불평하기에 앞서 자기 자신에 대한 믿음, 직업에 대한 열정, 탄탄한 체력, 인간관계를 점검해본 일이 있는가? 나는 스스로 전문성, 인성, 팀워크의 3대 요소가 조화를 이루고 있다고 생각하는가?

그런데 우리는 종종 스스로에게 '내 경력이 내가 원하는 직업의 기능과 요건을 충족시키는가?'라고 질문하는 대신 '이웃과 비교했을 때 나의 경력, 생산성, 소득은 얼마나 더 나은가?'라고 묻는다. 그래서 우리는 개인적으로 점점 더 풍요로워지기는커녕 새로운 차원의 상대적 빈곤을 느끼게 되는 경향이 있다.

선순환 고리를 만드는 직업 재창조

만약 당신이 지금 하고 싶은 일을 하는데도 만족스럽지 못하고, 몰입하기 어렵고, 보람과 의미를 못 찾고 있다면 적극적으로 직업을 재창조해볼 필요가 있다. 이 작업의 핵심은 직업을 천직으로 승화시키는 것이다. 직업 재창조의 두 가지 원칙은 첫째, 당신의 대표 강점을 활용하되 모두의 이익을 위해 윈윈(win-win) 전략으로 접근해야 하고, 둘째, 강점을 발휘해 긍정성을 생산하는 것이다.

천직을 설명할 때 항상 등장하는 '석수장이 이야기'가 있다. 한 나그네가 길을 가는데 길가에서 돌을 깨고 있는 석수장이를 보았다. 그는 힘들어하며 고통스러운 얼굴로 일을 하고 있었다. 나그네가 '왜 그렇게 찡그리며 힘들어합니까?'하고 물으니 그 석수장이는 '먹고 살기 위해 억지로 이 힘든 일을 하고 있소' 하며 퉁명스럽게 답하고는 다시 일을 했다.

바로 옆에 한 젊은이는 웃는 얼굴로 돌을 깨고 있었다. 그래서 나그네는 '당신은 왜 웃으며 돌을 깨고 있나요?'하고 물었더니, 그 젊은이는 '네. 저는 지금 성당을 짓고 있거든요. 제가 깎는 돌 하나하나가 위대한 성당을 만들어줄 테니까요'라고 답하고 다시 돌을 깨었다.

같은 일을 하는 사람이라도 자신의 일에 자긍심을 가지고 하는 사람은 그 일이 힘들지도 않고 생산성도 높다. 하기 싫은 마음으로 일을 하면 같은 일이라도 더 힘들고 실수도 잦아져 상사에게 꾸준 받는 일도 많아진다. 일종의 악순환 고리가 되는 것이다. 그러나 '이것이 내가 할 일이다'라고 생각하고 열심히 하면 일도 즐겁고 잘 되어 직장뿐만 아니라 자기 자신에게도 모두 도움이 된다. 선순환 구조로 윈윈 전략이 된다.

스페셜리스트와
제너럴리스트 & 프로페셔널

이제 기업은 성과를 평가하고, 인재를 보상하고 진급시키는 방법을 바꾸고 있다. 사람들의 동기·능력·재능, 그리고 그가 얼마나 열심히 일했느냐만 고려하는 것이 아니라 다른 사람에게 얼마나 좋은 영향을 미치고 있는지도 비중 있게 고려하고 있다. 그래서 대다수의 공기업이나 대기업에서는 다면(多面)고과로서, 상하는 물론 동료의 평가까지도 반영하고 있다.

현대 직장인이 일과 직장에서 자신의 능력을 키우고 잠재력을 발휘하고 싶은 욕구 때문에 제기되는 질문들이 있다. 자신의 재능을 한 가지 영역에 집중해 발휘하는 소위 스페셜리스트(specialist)가 되어야 하는가, 아니면 넓은 범위를 넘나들며 재능을 계발하고 발휘하는 제너럴리스트(generalist)를 목표로 해야 하는가?

흔히들 '샐러리맨은 회사에 일하러 가는 사람'이고 '비즈니스맨은 회사에 결과를 만들러 가는 사람'이라고 한다. 그 이유는 프로 비즈니스맨은 좋은 학력과 좋은 환경에서 나오는 것이 아니라 일에 대한 신념과 열정에서 나오기 때문이다. 프로가 된다는 것과 프로 의식을 갖는다는 것은 다른 뜻이다. 그 사람이 프로인지 아닌지는 본인이 결정하는 것이 아니라 주위의 상사, 동료나 고객이 결정하는 것이고, 프로의식을 갖는다는 것은 주위 사람들이 결정하는 것이 아니라 본인 스스로가 결정하는 것이다.

스페셜리스트는 '전문가 바보', 제너럴리스트는 '보통 바보'라는 말이 있다. 그런데 이때 흔히 중요하다고 말하는 것은 '돈이 되는 스페셜리스트'인지, '돈이 되는 제너럴리스트' 인지다. '돈이 된다'는 것은 곧 프로페셔널(professional)이라는 증거다. 그래서 사실 세상 어디에 가더라도 선호하는 것은 제너럴리스트도 스페셜리스트도 아닌 프로페셔널일 뿐이라는 것이 냉엄한 현실이다.

브리꼴뢰르 형 인재

몸과 마음이 지쳐가는 만큼 '괜찮아, 어차피 자기 일에 만족하며 사는 사람은 극소수니까' 하는 자기최면도 점점 심해져간다. 직장인들의 속성은 이렇다. 밥값만 하면 약간 찝찝하고, 밥값을 못하면 치욕스럽고, 밥값 이상을 해야 마음이 편하다. 그래서 사실 월급에서 느끼는 감동만큼 사람은 성장하는 거라고 할 수 있다.

회사에서 공적(功績)은 '행적'과 '업적' 두 종류로 나눌 수 있다. 공적을 얻는 데도 두 가지가 필요하다. 행적에 필요한 것은 주로 고결한 마음이며, 업적에 필요한 것은 뛰어난 두뇌다.

2005년 스탠포드 졸업식에서 스티브 잡스는 '다른 사람의 삶을 사느라 시간을 허비하지 마라'라고 말했다. 언제까지 남의 기준에 맞춰 살 것인가? 나만의 직업관을 정립할 필요가 있다.

사냥꾼도, 낚시꾼도, 양치기도, 평론가도 아니면서 아침에는 사냥하고, 오후에는 낚시하고, 저녁에는 소를 기르고, 저녁 식사 뒤에는 평론하는 것이 칼 마르크스가 생각하는 이상적인 직업관이다. 이런

사람을 보고 '포트폴리오(portfolio) 경력'을 추구하는 사람이라고 부른다.

이와 유사한 의미의 브리꼴뢰르(Bricoluire) 형 인재라는 말은 인류학자 레비스트로스가 아프리카 원주민을 관찰하면서 만들어낸 용어이다. 브리꼴뢰르라는 말은 전문분야의 지식을 체계적으로 축적해 실력을 쌓은 전문가라기보다는 실전형 체험을 통해 해당 분야의 해박한 식견과 안목을 지닌 실전형 전문가이다.

급변하는 시대에 그저 여러 스펙(spec)을 열심히 쌓아서 좋은 직업을 얻기만 하면 여유롭게 살 수 있을 것이라는 환상은 버리는 것이 좋다. 다른 사람과 차별화되는 실전형, 브리꼴뢰르 형 인재가 되도록 실력을 쌓아야 한다.

회사를 학교로 만들어라

인생을 바꾸고 싶다면 회사를 학교로 만들어야 한다. 회사를 학교로 만든다는 것은 회사를 그저 월급 받는 곳으로 생각하지 말고 자신의 능력을 키우고 확장시키는 곳으로 생각하라는 의미다. 그것이 무엇이든 상관없다. 중요한 것은 매일 조금씩 더 그렇게 되도록 노력하는 것이다. 그리고 자신의 재능을 살려 최고의 전문가가 되도록 노력해야 한다.

더 이상 평생직장이란 건 없다. 그러니 '평생 동안 버텨낼 수 있을지도 모른다'는 희망으로 '튀지 않고 온순하게 시키는 일만 하면서' 현재의 직장을 유지하는 것은 더 이상 현명하지 못하다. 이제는 지식, 능력, 재능, 꿈만이 개인적인 자본이자 미래를 보장해주는 것들이다. 이 자본을 지속적으로 돌보면서 발전시키되 한 걸음 더 나가는 것, 즉 남들이 인식할 수 있을 만한 특별함을 계발해야 한다.

큰 위기가 큰 변화를 만들어내고 더불어 큰 기회를 제공하는 법이다. 그러니 대담해져야 한다. 자! 이제 평생 후회 없을 '일생의 일'을 찾기 위한 질문에 답해보자.

첫째, 평생 그 일만 할 수 있는가?

둘째, 언제까지 남의 기준에 맞춰 살 것인가?

셋째, 내 안에 어떤 '자아'가 숨 쉬고 있는가?

넷째, 내가 정말 잘하는 것은 무엇인가?

마지막, 지금 사회에 뛰어들 몸과 마음, 머리의 준비가 됐는가?

05

이직과
캐리어패스

"하현우 과장님이세요?"

어제 발표한 승진 인사발령에서 탈락한 현우가 심심해하고 있던 중 전화벨이 울렸다. 뜻밖에 상냥한 여자 목소리가 들렸다.

"네. 그렇습니다만."

"아, 하 과장님이시군요. 반갑습니다. 저는 '브레인'의 조상희라고 합니다."

"네. 제가 하현우입니다만 실례지만 누구라고 하셨지요?"

현우는 조심스럽게 물었다. 처음에는 대출광고 전화인 줄 알았는데, 스팸 전화에서 느껴지는 판에 박힌 분위기는 아니었다. 처음 들어보는 회사에, 이름도 낯설어서 다시 물었다.

"네. '브레인'의 조상희입니다. 혹 '서치 펌(Search Firm)'이라고 아시지요? 저희 회사는 '서치 펌'입니다."

"아, 네. '헤드 헌터(Head Hunter)' 회사 말입니까? 그런데 제 이름은 어떻게 아셨나요?"

"네, 그건 말씀드릴 수가 없고요. 시간 좀 내주시겠습니까? 만나서 직접 드릴 말씀이 있는데요."

현우는 내심 기분이 언짢았다. 남의 전화번호를 알아낸 것도 기분이 안 좋은데 무슨 수사기관이라도 되는 것처럼 취재원을 보호한답시고 비밀이라니. 단도직입적인 태도가 괘씸해 그냥 끊어버리려다가 약간의 장난기와 호기심이 발동했다.

"글쎄, 시간이 많지는 않지만 내일 오후에는 시간이 좀 있기는 한데."

"네, 그러세요? 오후 3시쯤 괜찮으세요? 괜찮으시다면 제가 회사로 찾아뵙겠습니다."

"네. 그러세요."

현우는 엉겁결에 시간 약속을 해버렸다. 귀신같은 정보망을 가진 사람들이 바로 '헤드헌터'들이다. '헤드헌터'라는 단어에서 주는 어감이 이상해서 자기들 스스로는 '익제큐티브 서치 펌(Executive search firm)'이라고 부르는데, 줄여서 '서치 펌'이라고 한다. 먹이를 보면 놓치지 않는 사냥꾼 기질을 가진 이들의 집단이다. 대기업 연말 인사가 끝나자 하이에나처럼 달려들어 탈락한 후보자들을 공략하고 있는 것이다. 현우는 괜히 약속을 했다는 후회도 잠깐 했지만 한번 부딪쳐보자는 호기심이 생겼다.

다음 날, 오후 2시 50분. 회사 정문의 안내데스크에서 전화가 왔다.

"안내데스크입니다. 하 과장님, 손님이 찾아왔는데요."

현우는 잠시 딴 생각에 젖어 있었다.

"찾아올 손님이라……. 약속한 기억이 없는데."

"조상희 씨라고 하는데요. 3시에 약속을 하셨다고 합니다."

현우는 조상희라는 말을 듣고서야 기억이 났다.

"어, 그래요. 직원을 보낼 테니 올려 보내세요."

여직원이 1층 로비로 내려가 조상희를 데리고 올라왔다. 단아하게 차려 입은 양장에 똘망똘망한 눈빛이 전형적인 커리어 여성이었다.

"조금 놀라셨지요? 죄송합니다. 저는 '브레인'에 근무하는 조상희입니다."

명함을 건넨 뒤 정중하게 인사를 했다. 명함에는 이사 직함이 찍혀 있었다. 현우도 명함을 건넸다. 한두 마디 덕담을 나눈 뒤 바로 본론으로 들어갔다.

"하 과장님, 현재 하시는 일에 만족하십니까?"

"네?"

"하시는 일에 만족하시는지를 물었습니다."

현우는 자리에 일어나 주위를 둘러보았다. 혹시라도 누가 들을까봐 조바심이 났다. 마침 주위에 아무도 없었다. 현우는 크게 숨을 들이켜고 자리에 앉았다. 조상희는 현우의 행동에 개의치 않고 자기 이야기를 계속했다.

"회사 이름을 밝힐 수는 없습니다만 최근 인기가 있는 인터넷 회사에서 중견 간부를 구하고 있습니다. 제가 조사한 바로는 하 과장님이 적임인 것 같아 추천하려는데, 의향이 있으신지요?"

갑작스런 제안에 당황한 현우는 반사적으로 거절을 했다.

"뭐, 제가 그럴 재목이 되나요? 저를 너무 과대평가하신 것 같은데, 어쨌든 고맙습니다. 저는 지금 회사가 제 체질에 맞는 것 같습니다."

조 이사의 제안을 거절하려 보니 마음에 없는 말로 둘러대고 말았다.

"네, 그러세요? 잘 알겠습니다. 하지만 그곳에서 억대 연봉을 제시했습니다. 천천히 시간을 두고 생각해보신 후에 연락을 주시지요."

첫 대면이라서인지 조 이사는 길게 강요하지 않고 순순히 물러났다. 현우는 마치 도깨비에 홀린 기분이었다.

"정말 한번 옮겨봐?"

소주잔을 단숨에 들이켠 뒤 현우가 말했다. 퇴근 후 대학 동창 정호와 삼겹살에 소주 한 잔을 하고 있었다. 낮에 있었던 스카우트 제의 때문에 싱숭생숭해서 도저히 그냥 집으로 갈 수가 없었다. 허물없이 이야기를 나눌 수 있는 친구를 찾다 보니 다른 회사에 근무하는 정호가 생각났다.

"스카우트 제의라……. 복어의 간과 같은 거로구나."

정호도 소주를 마시고 나서 한마디 거들었다.

"복어의 간이라니?"

현우는 정호의 동문서답에 다시 물었다.

"위험하지만 한 번쯤 먹어보고 싶은 음식이잖아."

정호는 장난기 있는 표정을 지었다.

"거 말 되네. 네놈이 음식에 대해 조예가 깊은 줄 알았지만 보통 아니네. 그래, 그거 보통 배짱으로는 못 먹지."

◦

남들이 부러워할 만한 새로운 식상에 취식하면서 처음에는 이전보다 여건도 좋아져서 행복감에 빠진다. 우리는 새로운 일에 대해 자주 생각해보고, 새로운 일이 가져다 준 일련의 긍정적인 결과와 감정을 경험한다. 새로운 소통과 도전, 학습, 모험을 통해 새로운 기회가 생기기 때문이다. 하지만 이러한 기쁨은 마치 연못의 물이 서서히 말라가듯이 완전히 바닥을 드러낸다.

처음에 느꼈던 흥분과 행복, 자부심은 점점 줄어들고, 우리는 이 일의 새로운 면에 대해서는 점점 덜 생각하는 대신에, 삶이 주는 수

많은 귀찮은 일과 좋은 일에 한눈을 팔게 된다. 하나의 목표에 도달하면 아주 잠시 만족하지만, 곧 더 높은 곳에 도달하기 전에는 만족할 수 없다는 점을 깨닫게 된다. 이런 식으로 우리는 계속해서 기대와 욕망을 높여간다.

사표를 던지고 싶은 이유

취업포털 잡코리아의 '직장 생활 중 사표를 던지고 싶게 만드는 요인'에 관한 설문조사(남녀 직장인 911명을 대상) 결과에 따르면 '사표 던지고 싶을 때 1위'는 '회사 내 미래가 불투명할 때'가 35.9%로 1위를 차지했다. 이어 '나의 업무 능력이 무시당할 때'가 15.5%로 2위, '쥐꼬리만한 월급'이 15.0%로 3위, '상사의 끊임없는 참견과 잔소리'가 11.7%로 4위, '끝이 보이지 않는 무한 반복 야근'이 9.7%로 5위를 차지했다.

또한 직장을 떠나려고 하는 이유로는 1위가 '과도한 야근', 2위가 '상사와의 마찰', 3위는 '쥐꼬리만한 연봉' 순이었다. 그런데도 정작 직장을 떠나지 못하는 이유는 1위 '카드 대금', 2위 '경력 관리'였다. 반면에, 결국 직장 생활을 유지하는 이유에 대해서는 53.2%가 '꼬박꼬박 월급이 들어와서', '더 나은 회사로 이직하기 위해서'(40.2%),

'다들 참고 하는 일이라서'(37.1%), '생활비가 부족해서'(31.9%) 등의 답변이 나왔다.

파랑새 증후군과 셀프홀릭 증후군

현재의 직장이란 옛날처럼 그 자리가 보장된 것이 아니다. 확정급여형 연금제도는 퇴색한 지 오래고 장기근속으로 금시계를 받을 수 있었던 것도 옛날 일이다. 그래서 사람들은 직장을 자주 바꾸며 매번 새로운 기회에 진심으로 황홀해하면서 일과 라이프스타일을 재설계하는 데 매진한다. 그러나 1,2년이 지나면 다시 슬럼프에 빠져 슬슬 지루해하고 안절부절 못하면서 새로운 상사나 동료, 책임, 출퇴근 등 온갖 문제에 대해 자기 감정을 정당화할 수 있을 만큼 불평불만을 쌓아간다. 그러고는 서서히 다른 곳에 있는 더 좋은 무언가에 대해 환상을 품기 시작한다. 상사가 더 합리적이고, 출퇴근이 더 쉽고, 동료들이 더 협조적이고, 책임은 덜 무거운 직장을 그린다.

더 좋은 직장으로 옮긴 뒤에는 높아진 주위의 기대에 스트레스를 견디다 못해 다시 이직을 하거나 휴직 등의 선택을 하게 된다. 이것이 하이퍼포머(high performer)의 이직률이 높은 이유다.

이런 직장인들의 심리에 관해 삼성경제연구소가 내놓은 보고서를 보면, 이직의 첫 번째 이유는 남의 떡이 커 보이는 심리인 '파랑새 증후군'이고, 또 하나는 '셀프홀릭(self-holic) 증후군'으로 본인의 역량에 비해 낮은 일을 하고 있다고 느끼는 감정이라고 했다.

캐리어 패스와 '1만 시간 법칙'

한평생을 살아가면서 우리가 직업을 구하는 일은 계속된다. 현대는 멀티 잡(Multi job)의 시대이다. 같은 기간에도 여러 일을 하는 투 잡스(two jobs), 쓰리 잡스(three jobs)가 성행한다. 이제 직업은 과학이 아니고 기술이다. 직업을 구하는 데에 학문적인 소양이 필요하기보다는 직업을 선택하는 기술, 즉 요령이 필요하게 되었다는 의미다. 그래서 우리는 이제 단순히 직장만을 구하는 것이 아니라 자기 직업에 대한 캐리어 패스(career path)를 계획하고 준비해야 한다.

우리의 직장 인생에 있어 우선, 처음 10년이 가장 중요하다. 처음에는 어떤 직장에서 무슨 일을 어떻게 할지를 예측하기가 쉽지 않다. 그리고 나의 잠재 능력이 무엇인지도 알지 못한다. 그래서 일단은 자신에게 주어진 일을 열심히 하는 것이 방법이다. 그러나 이 기간 동안 우리는 자신에게 맞는 일과 자기에게 내재된 잠재력을 조금씩 알게 된다. 그리고 적성에 맞는 일을 찾아내야 한다. 그 다음 찾아낸 분야에서 다시 10년을 전력투구해야 한다. 반드시 그렇게 하면 전문가가 될 수 있다.

'1만 시간 법칙'이란 게 있다. 전문가가 되기 위해서는 최소한 1만 시간을 투자해야만 한다는 법칙이다. 다시 말해 하루에 3시간씩 10년간 투자해야 자신의 분야에서 전문가가 될 수 있다. 자신의 직장 인생을 10년 단위로 구획해라. 그리고 자신의 적성을 찾아 해당 분야의 전문가가 될 수 있도록 전력투구해야 한다. 그러면 반드시 자신만의 캐리어패스를 찾을 수 있을 것이다.

비결은 과감한 실천력

우리는 왜 그렇게 작은 것에 만족하고 살아야 할까? 왜 조금 더 큰 것을 향해 도전하지 않는가? 앞으로 20년 후에 우리는 저지른 일보다 저지르지 않은 일에 더 실망하게 될 것이다. 그러니 밧줄을 풀고 안전한 항구를 벗어나 항해하라. 돛에 무역풍을 가득 담고 탐험하고, 꿈꾸며, 새로운 것을 발견해야 한다. 인생이란 너무 짧아서 낭비할 시간이 없다. 꿈은 행동을 통해서만 완성될 수 있다. 실천하지 않는 계획은 무용지물이다.

일본의 경영의 신(神)이라고 불리는 마쓰시다 고노스케는 '대학

교수는 100을 알고 나는 10밖에 알지 못하지만 돈 버는 데는 내가 훨씬 낫다. 그 이유는 교수는 100가지 중 실천하는 것이 2%도 채 안 되지만 나는 10밖에 몰라 그 10을 전부 실천하니 교수보다 5배 나 행동력이 강하기 때문이다'라고 그의 성공 비결을 밝혔다. 철저한 준비와 냉철한 판단으로 기회가 왔을 때 잡을 수 있는 과감한 실천 력이 인생의 성공을 보장한다.

행복한 직장 생활을 위한 규칙

1. 맡은 일은 반드시 끝내라.
2. 다양한 업무를 맡으라.
3. 자신의 일에 어느 정도 주도권을 확보하라.
4. 감사를 받을 만한 일을 하라.
5. 능력을 이용해 일을 잘 해내라.
6. 남들이 당신에게 어떤 기대를 하고 있는지 숙지하라.
7. 당신의 일의 중요성을 알라.
8. 자신의 이야기에 귀를 기울여라.
9. 직장 친구를 사귀어라.
10. 새로운 지식을 쌓아라.
11. 잘 맞는 상사를 만나라.
12. 피드백을 주고받아라.

06

평생 남의 일만
하고 살 거야?

"이게 뭔가?"

한 부장은 하현우 차장이 내민 봉투를 받아들면서 물었다.

"죄송합니다. 사직서입니다."

평소에 말없이 자기 할 일을 하는 하 차장인지라 한 부장은 더 이상 묻지 않았다.

현우는 동기들보다 진급이 조금 늦은 편이다. 그렇다고 많이 처진 것은 아니다. 업무에서도 성실해 주위 동료들에게도 환영 받는 인재다. 하지만 현우는 지난 10년 동안 자신이 닦아온 길에 의해 앞으로 자신이 어디까지 올라갈 수 있는지를 이미 알고 있었다. 현우는 최소한 20년을 내다보고 경력 지도를 그려보았다. 지금은 주위의 박수를 받지만, 언젠 가는 떠나야만 한다. 박수를 받을 때 꼭 떠나야 하는 것은 아니지만 적 어도 박수가 언제까지 계속될 수는 없다고 생각했다. 그 고민의 시점을 지금이라고 생각한 것이다. 전직을 염두에 두고 있다면, 전문성을 쌓으 면서 자신의 가치와 브랜드를 키우는 데 주력하되 적절한 시점에서 과 감하게 이직의 기회를 잡아야 하기 때문이다.

"아니! 뭐라고요? 사표를 내요?"

아내는 자다 말고 깜짝 놀라 침대에서 벌떡 일어났다.

"그래. 오늘 냈어."

할 말을 하고 나니 현우는 속이 후련했다. 어차피 한 번은 겪어야 할 일이니까.

현우는 언젠가부터 지금의 직장 생활에 회의가 밀려왔다. 다람쥐 쳇 바퀴 돌듯 매일 똑같은 일상을 보냈다. 출근길에는 차 안에서 아침밥 대신 준비해 온 간식을 먹으면서 뉴스를 들었다. 사무실에 들어서면 무 의식적으로 컴퓨터를 켰다. 동료들과 차를 마시며 환담을 나누다가, 아 침마다 반복되는 이야기가 지루해지면 자리로 돌아와 인터넷에 접속했 다. 지난 주 산 주식이 올랐나 확인하고 이메일을 체크했다.

마흔에 들어서면서 현우는 '내 생활은 어느 정도 안정을 찾은 것 같 다. 쉬지 않고 달려온 덕분에 삶의 안정을 기하게 되었다'는 생각이 들었다. 그러던 어느 날 모처럼 집에 일찍 들어갔다. 아내의 놀라는 표정을 보고 좋아하는 건지, 싫어하는 건지 분간이 되지 않았다. 오랜만에 집에서 맛있고 풍족한 식사를 하고 나니 나른함이 밀려왔다. 소파에 누워 텔레비전 채널을 돌리면서 편안함을 만끽하려고 했는데 이미 드라마에 빠진 아내는 현우에게는 신경쓰지 않았다. 떠밀리듯 방으로 들어와 신문을 뒤적이다가 생각에 잠겼다. '나는 얼마나 열심히 산 것인가? 이것이 내가 원하는 진정한 나의 삶인가? 더 늦기 전에 나의 길을 찾아보자.' 그래서 마음을 굳힌 것이다. 친구 명철의 꼬임도 있었지만.

"연일 하락세를 보이는 가운데, 테헤란 밸리의 풍경은 한마디로 거품 빠진 사이다라고 할 수 있습니다. 진xx 게이트, 윤xx 게이트 등 정치인, 공무원, 언론기관 할 것 없이 부패의 사슬을 이루고 있습니다. 벤처업계 종사자뿐 아니라 정치인, 신문사 등 모든 이들이 뼈를 깎는 긱'성을 해야 할 때입니다."

현우는 잠에서 깨어나자마자 습관적으로 텔레비전을 켰다. 뉴스에 고정된 채널 속의 아나운서는 빠르고 정확한 목소리로 오늘의 뉴스를 전해준다.

'아침부터 재수 없는 뉴스네. 거품 빠진 사이다라면 끝장난 거 아니야. 결국 벤처기업이 끝장났다는 거잖아!'

무늬뿐인 벤처와 진정한 벤처기업의 차이를 잘 아는 현우는 요즘 언론의 보도가 무척이나 못마땅하다. 살인적인 업무량 때문에 밤낮 없이 일해 온 그에게, 일에 대한 열정과 애정으로 하루하루 버텨온 그에게 일부 벤처의 겉모습만 보고 '거품 빠진 사이다'라는 식으로 이야기하는 것은 일종의 모욕이었다.

'우리가 살 길은 벤처뿐이고 신경제의 성장엔진이 곧 벤처라고 국가적으로 밀어줄 때는 언제였던가. 의욕이 불타는 젊은이들에게 황금의 엘로라도(Eldorado)를 찾아 떠나라고 외치던 게 누구였던가? 쳇! 벤처가 벌써 화석이 됐나? 그건 아니야. 벤처는 죽지 않아. 다만 재편될 뿐이야.'

현우는 마음을 가다듬으며 혼잣말을 해본다. 뉴스 말미에 내일 비가 온다고 한다.

'가뭄으로 어려움을 겪었던 농촌에 반가운 소식입니다. 오늘은 게릴라성 폭우가 예상됩니다. 출근하실 때 우산을 챙기시기 바랍니다.'

오랫동안 가뭄이 계속돼 대지는 거북이 등껍질처럼 메말랐다. 갈증난 대지는 하늘을 향해 절규하듯 외친다. '비, 비를 달라'고. 벤처 기업들이 밀집해 있는 테헤란 밸리의 풍경은 사람이 살지 않는 사막을 연상시켰다. 요즘 현우는 가도 가도 끝이 없는 사막에 떨어지는 꿈을 자주 꾼다. 꿈속에서 그는 건조한 기운과 한 치 앞도 볼 수 없는 모래바람에 그냥 주저앉고 싶다는 생각을 한다. '단비가 온다고? 나에게도 단비가 내렸으면 좋으련만.' 현우는 착잡한 심경으로 담배를 꺼내 물며 생각에 잠겼다.

현우는 자신의 판단 착오 때문에 자괴감에 빠져 있다. 연초부터 기업의 생사를 걸고 극비리에 추진해온 빅딜(Big Deal)이 자신의 욕심 때문에 무참히 깨져버린 것이다. 얼마 전까지도, 인터넷 최대의 포털 업체와 합병하여 국내 최대의 기업을 만들겠다는 꿈에 밤잠을 설쳤던 그다. 하지만 두 회사는 처음의 뜻과 달리 원칙과 합의가 자주 어긋나 합병이 무산될 지경에 이르렀다. 결국 합병은 없던 것이 되어버렸다.

'무엇이 문제였을까? 국내 최대의 기업을 만들어 세계 최대의 기업으로 키우자던 청사진이 잘못된 것일까. 아니야, 우린 서로 다른 꿈과 다른 계산기를 두드리고 있던 거야. 처음부터 너무 쉽게 일이 잘 풀린다 했어. 무리한 욕심이 화근이었던 거야. 소탐대실(小貪大失)하고 말았잖아.'

현우는 며칠 전부터 자책감에 잠을 제대로 이룰 수 없었다. 최고경영자가 내리는 결정이 기업에게 어떤 영향을 미치는지 뼈저리게 느끼고 있는 중이다. 그 선택의 갈림길에서 기업의 운명이 길러지기 때문이다

○

정리해고와 사표

늦었다고 생각할 때가 가장 빠른 때이다. 지금이 바로 그때일지도 모른다.

'더럽고 아니꼽고 치사한 직장을 때려치우고 장사나 해야지' 하는

말은 주변에서 흔히 들리는 얘기다. 그런데 그저 회사 생활이 마음에 안 들어서 괜히 푸념을 던지는 게 아니다. 그런 시대는 이미 지났고, 이제는 아예 등 떠밀려 장사를 해야 하는 시대가 되어버렸다.

구조조정이라는 미명 하에 정리해고를 당한 이는 무능력자로 낙인이 찍힌다. 그러면 스스로 의기소침해지는 동시, 막연한 미래에 불안해진다. 그래서 주저하다가 정리해고를 당하느니 제 발로 걸어 나오는 것이 더 현명한 것일지도 모른다. 자진 사표는 자신의 삶에 아직 가능성이 있으며, 새로운 미래를 개척해 나가겠다는 의지와 도전 정신이 살아 있는 것이라 아직은 미래가 밝기 때문이다. 피치 못하게 그 순간이 왔다고 판단된다면 과감하게 사표를 던져야 한다. 타의에 의한 결정보다 자의에 의한 선택이 재기를 위해서도 좋다.

창업과 사업 아이템

우리가 하루를 살면서 떠올리는 생각은 몇 가지나 될까? 놀랍게도 5만 가지가 넘는다고 해서 '오만 가지 잡생각'이라고 한다. 아무리 많이 생각만 한다고 뭐가 이루어지지는 않는다. 더 이상 생각만 하지 말고 뭔가 다른 일을 해보자.

하지만 창업은 직장 생활과는 전혀 다르다. 창업은 직원의 입장에서 사장의 입장으로 바뀌는 것을 의미한다. '사장은 직원같이, 직원은 사장같이 일하라'라는 말이 있다. 사장은 사원 입장에서 생각해 보고, 사원은 사장의 입장에서 바라보라는 의미이다. 하지만 현실은 그렇지 못하다. 항상 서로 입장이 달라 둘의 뜻은 만나지 못하고 평행선을 긋고 있다. 그래서 직장인들은 자기 회사를 차려 소신껏 일해 보는 것이 소원이자 희망이다.

IMF 외환위기 이후 창업 열풍이 불었다. 구조조정으로 회사를 그만둔 사람들이 제과점, 피자집, 치킨호프집 등을 열어 너도 나도 자영업으로 뛰어들었다. 하지만 장기 경기 불황과 소비 침체, 과다 경쟁 때문에 3년 내에 문을 닫는 확률이 70%가 넘는다.

약육강식의 정글에서 생존하는 법칙이 존재하는 현대 사회에서 남들과 똑같은 생각과 방법으로는 성공할 수가 없다. 사업을 함에 있어서 가장 중요한 것이 바로 사업 아이템이다. 다시 말해 '어떤 사업을 할 것이냐'이다. 시대에 따라 그리고 사업의 규모에 따라 다르겠지만 공통적인 유망 아이템을 잘 찾아야 한다. 또한, 같은 아이템이라 하더라도 시작하는 연령에 따라 사업의 성격을 달리해야 성공할 수 있다.

20대에는 모험 창업, 30대 초반에는 선택 창업, 30대 후반에는 기반 창업, 40대에는 전문 창업, 50대에는 안전 창업을 해야 한다. 그리고 60대에는 여유와 즐김의 창업을 해야 한다.

창업에도 전문성이 중요하다

인생의 후반인 40대 이후에는 전문 창업이 주를 이룬다. 최근 중소기업청의 조사 결과에 따르면, 교수·연구원들의 창업 성공률이 높은 것으로 나타났다. 최근 10년간 창업한 교수·연구원 1,003명 가운데 72.7%가 성공했다. 이는 일반인의 성공률 55%에 비해 1.5배 정도 높은 수치다. 뿐만 아니라 코스닥 상장률도 일반인 0.06%에 비해 1.6%에 달했다. 이 조사는 창업에도 전문성이 중요하다는 것을 말해준다.

직장인이 창업을 한다고 해서 모두 성공하는 것은 아니다. 성공하는 확률보다 실패하는 확률이 더 높은 것이 창업이다. 처음 생각대로 되지 않는 것이 바로 사업이다. 그래서 자금도 예상했던 것보다 최소한 3배 이상 필요하게 되고, 노력도 예상보다 3배가 더 든다. 뿐만 아니라 시간도 3배 이상 더 걸린다. 손익분기점까지 걸리는 시간은 당초 예상보다 3배 이상 걸리는 것이 현실이다. 이러한 모든 난관을 헤치고 나야만 비로소 회사가 안정되고 성공할 수 있는 것이다. 그래서 창업 후 3년이 고비고, 5년이 넘으면 성공한 것이라는 말이 있다. 눈에 보이는 꿈과 비전은 빙산에 노출된 1/9 부분에 지나지 않는다. 그 밑에 숨겨진 8/9은 수많은 시행착오와 고난 그리고 인내로 이루어진 것이다. 그렇지만 분명한 건 일단 해보지 않고는 당신이 무엇을 해낼 수 있는지를 알 수 없다는 것이다. 그래서 비록 실패할지라도, 창업은 한 번 도전해 볼 만한 일이다.

일과 삶의 균형

30대는 이직을 꿈꾸고, 40대는 심리학 책을 뒤적이고, 50대는 인문학 강좌에 몰리는 데는 모두 공통점이 있다. 바로 현실에 대한 불안, 불만이다. 그리고 그 현실의 핵심은 바로 '일'이다. 누구나 바람직한 일 말고 '바라는' 일을 하고 싶다. 그리고 좋은 일 말고 '좋아하는' 일을 하고 싶다. 그렇다면 해야 하는 일 말고 '하고 싶은' 일을 할 수가 있다.

직장인을 대상으로 한 조사에서 '가장 행복할 것 같은 직업'으로 시인, 화가가 뽑혔다. 그 이유는 '하고 싶은 일을 하는 것 같아서'이다. 성공은 좋아하는 일을 하면서 스스로 경쟁력을 꾸준히 키워나간 사람의 몫이다.

행복은 일을 능동적으로 선택했느냐에 달려 있다. 내 평생을 걸고 책임질 수 있는 일을 선택하는 사람에게 행복은 찾아온다. 내가 정말 좋아하는 일, 내가 가장 잘 할 수 있는 일, 그것이 '일생의 일'이다. 해야 할 일 때문에 하고 싶은 일을 미루지 말자. 바로 일과 삶의 균형(work-life balance), 이것이 행복의 비결이다.

창업 유망 아이템

1. 작으면서 실속 있는 아이템
2. 시류에 맞는 아이템
3. 유동성이 큰 아이템
4. 경쟁이 심하지 않은 아이템
5. 기동성이 있는 아이템
6. 성장 잠재력이 있는 아이템
7. 자신이 가진 자본 규모에 맞는 아이템

일에 관한 명상

일이란 여가가 방해하는 연속적인 어떤 것이다. | **리처드 후버**

노동은 자유시간의 반대말이다. 그러나 여가의 반대말은 아니다.
여가란 다른 세계에 속하는 자유시간이다. | **세바스찬 데 그라지아**

어떤 일을 할 때 고요하고 끈기 있고 쉽게 하는 것만큼 즐거운 일
이 있을까? 다른 즐거움은 외부에서 비롯되지만, 이 행복은 인간
본성에서 우러나오는 행복이다. | **히즈라트 이니아트 칸**

사람은 더불어 일하는 거야.
함께 일하든 따로 일하든 말이야. | **로버트 프로스트**

일이란 생존을 위한 지겨움과 소명 의식의 중간 어딘가의 지점이다.
| **알랭 드 보통**

사람들은 싫지만 하지 않을 수 없는 일과 하고 싶지만 당장 할 수
없는 일 사이에서 부대끼며 살아갑니다. | **레빈**

행복은 할 일이 있다는 것, 바라볼 희망이 있다는 것, 사랑할 사람
이 있다는 것, 이 세 가지이다. | **중국 속담**

하는 일 없이 한가한 것이, 일이 너무 많아 눈코 뜰 새 없이 바쁜
것보다 얼마나 못 견딜 노릇인지 이젠 알게 되었소. 할 일 없이 빈
둥대다 보면 모르는 사이에 자신을 학대하게 된다오. | **찰스 램**

일은 세 가지 악덕을 몰아낸다.
권태, 타락, 빈곤이 그것이다. | **볼테르**

꼭 해야 할 일부터 시작하라. 그 다음은 할 수 있는 일을 하라.
그러다 보면 어느 순간 자신이 불가능하다고 생각했던 일을 해내고
있음을 알게 될 것이다. | **성 프란체스코**

보통 사람이라면 하루에 예닐곱 번은 실망하는 법을 배워야 한다.
| **스탕달**

기계 그 자체는 노동시간을 단축시키지만 자본주의적으로 사용되
면 노동시간을 연장시키며, 기계 그 자체는 노동을 경감시키지만
자본주의적으로 사용되면 노동 강도를 높이고, 기계 그 자체는 자
연력에 대한 인간의 승리지만 자본주의적으로 사용되면 인간을 자
연력의 노예로 만들며, 기계 그 자체는 생산자의 부를 증대시키지
만 자본주의적으로 사용되면 생산자를 빈민으로 만든다. | **마르크스**

작은 일이라도 도움이 필요한 사람들을 위한 무언가를 하라.
돈을 벌지 못해도 그것 자체로 영광이 되는 일을 하라. | **슈바이처**

노동은 인간에게 속한 일이요,
빈둥거리는 것은 신에게 속한 일이다. | **서양 속담**

MONEY

두 번째 공

돈

01

직위와 연봉 중
무엇을 선택해야 하나?

"한 선배, 저 이번에 옮길까 해서요."

소주잔을 앞에 놓고 현우는 직장을 옮기는 문제에 대해 상담하고 있었다.

"그래, 어디 갈 데는 있고?"

한근창 선배는 대학 선배로 회사도 현우보다 3년 먼저 들어왔다. 사실 현우가 이 직장에 온 것도 한 선배의 권유가 한몫했다. 그리고 회사 생활에도 많은 도움을 주고 있어 인생 상담 차 현우는 한 선배와 함께 회사 옆 골목에 있는 포장마차를 자주 찾았다.

"두 군데서 오퍼(offer)가 왔는데 어디가 좋을지 잘 모르겠어요."

"어디 한번 말해봐."

"한 군데는 과장을 준다고 하는데 급여는 별로고요. 그리고 다른 한 곳은 고참 대리인데 급여가 상당히 좋아요."

현우는 그동안 고민했던 최종 두 곳에 대해 간략히 설명했다. 한 선배는 소주잔을 비우며 마치 연극 대사를 읊듯이 한마디 했다.

"돈이냐, 지위냐? To be or not to be, 이것이 문제로다."

"선배! 장난치지 마시고 뭐라고 조언 좀 해주세요."

현우는 얼굴을 찡그리며 한 선배에게 짜증을 냈다.

"그래, 알았어. 그런데 이 문제가 가장 어려운 고민이야. 나라도 쉽게 결정 못할 것 같은데."

한 선배는 다시 소주를 단숨에 마시고 어묵 안주를 먹으면서 말했다.

"일단, 나라면 과장을 택하겠다. 어느 회사에서든 승진한다는 게 쉽지 않거든. 그리고 남 보기에도 대리보다는 과장이 그럴듯하잖니."

"사실 나도 그렇거든요. 그런데 저쪽 페이(pay)가 장난이 아니에요."

현우는 직위보다도 연봉에 흔들리고 있었던 것이다. 어차피 돈 벌자고 직장을 다니는 것인데 직위가 뭐 대수인가 하는 생각도 들었기 때문이다.

"글쎄다. 하여간 어려운 선택임에는 틀림없구나."

두 사람은 더 주고받을 말이 없었다. 최종 선택은 순전히 현우의 몫으로 남았다. 그저 남은 잔을 비우고 포장마차를 나왔다.

◎

부자의 역설

전직(轉職)에 대해서는 누구에게나 적용되는 모범 답안이란 없다. 사람마다 각자 처해 있는 상황과 생각이 다르기 때문이다. 하지만 대부분의 사람들은 연봉보다는 직위를 택한다.

미국의 한 조사에서 밝힌 바로는, '남들은 모두 8만 불을 받는데 자신만 10만 불을 받는 곳이 있고, 남들은 20만 불을 받는데 15만 불을 준다고 하는 곳이 있을 때 어디를 택할 것이냐'라는 질문에 대해 대부분 부자들 사이에 가난한 사람으로 남느니보다는 5만 불을 포기하겠다고 답했다고 한다. 돈보다는 체면을 중요하게 여기는 것이다. 이는 '부자의 역설'로, 인간은 최소한 자신이 비교할 수 있는 사람들만큼 돈을 벌 때에만 편안함을 느끼기 때문이다. 다시 말하면, '내가 얼마를 버는가가 아니라, 내가 나른 사람보다 얼마를 더 버느냐'가 행복을 결정한다. 그런데 이런 사고방식으로 직업을 선택한다면 평생 돈을 모아 부자가 되기는 어렵다.

돈, 인간의 기본적인 충동

현대는 경제를 우선시하는 자본주의 시대이다. 그래서 돈을 무시할 수 없다. 영국의 석학 버트란드 러셀은 다음과 같은 말을 했다.

우리 인간은 두 가지 충동을 지니고 있습니다. 먼저 소유의 충동입니다. 소유의 충동이란 남과 나누지 않고 나만이 가질 수 있는 것을 얻고 간직하려는 충동입니다. 이 충동은 돈을 벌고 모으려는 충동으로 집중됩니다. 다음으로는 창조 충동이 있습니다. 시와 예술, 학문처럼 사유나 소유 한계를 벗어난 것을 만들어내고 사람이 누릴 수 있게 하려는 충동입니다. 가장 바람직한 삶은 이 창조 충동이 가장 많은 부분을 차지하고 소유 충동이 가장 적은 부분을 차지하는 삶입니다.

두말 할 것도 없이 돈을 벌고 싶은 것은 인간의 아주 기본적인 충동이다. 어찌 되었든 간에 돈은 사람이 살아가는 데 여러 가지 면에서 중요하다. 소득 1만 불이었던 사람이 그 이상을 벌면 행복해진다. 아픈 사람도 돈이 생기면 훨씬 더 큰 행복을 느낀다. 당연히 남보다 돈이 많으면 행복하다. 그런데 그것은 '돈의 규모' 때문이 아니라 '남보다 더 가졌기' 때문이라는 점이 중요하다. 사람들은 부를 절대적이 아닌 상대적인 기준으로 판단하기 때문이다.

물질이 주는 행복

혹자들은 '행복은 돈, 그리고 성공과 무관하다'고 말한다. 또 부는 곧 부패의 온상이라는 잘못된 관점에서 무엇보다도 청빈(淸貧)을 강조하기도 한다. 그러나 '가난하지만 행복하게!'라는 구호는 엄연한 현실 앞에서 거짓말에 가까운 상투적인 외침일 따름이다. 돈이 인생의 전부가 아니라고 말하는 사람은 사실은 돈 문제에 가장 예민한 사람인 경우가 많다.

물론 돈이 만능은 아니다. 그러나 행복의 전제조건으로 돈이 없으면 안 된다. 명예욕이든 재물욕이든 현실의 욕구를 충족시키려는 인간 본연의 성정을 꼭 부끄러워할 이유는 없다. 도를 넘지만 않는다면 우리는 오히려 물질이 주는 행복을 충분히 향유할 필요가 있다. 물질이 주는 만족감과 행복을 느낄 줄 알아야만 금선에 내흰 지나친 탐욕에 빠져들지 않을 수 있다.

직위보다 연봉을 택해라

미국의 한 백만장자가 자신이 백만장자가 되기까지 가장 어려웠던 점은 첫 1만 달러를 모을 때까지라고 했다. 처음 1만 달러의 종자

돈, seed money를 모으는 데에 그가 돈을 번 세월의 절반 이상을 소비했다고 한다. 그러나 일단 종자돈이 마련되고 나서부터 돈은 기하급수적으로 늘어났다. 그리고 얼마 안 되어서 백만장자 대열에 올랐다고 한다.

첫 단추를 잘 끼워야 옷을 제대로 입을 수가 있듯이 처음 시작이 중요하다. 그래서 일단 직장 초년생일 때는 지위보다는 연봉을 택해야 한다. 벌 수 있을 때 최대한 많이 벌어야 한다. 자리 잡을 수 있

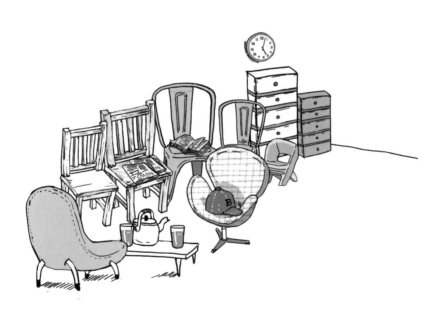

는 기본 수입, 그리고 종자돈을 마련하는 것이 최우선이다. 사회적인 체면보다는 실리가 우선이라는 의미다. 먼저 실리를 챙기고 난 뒤 체면을 챙겨도 늦지 않다. 앞으로 만회할 시간은 충분하니까.

우리는 돈이 있으면 행복해지고 오만해진다. 그에 반해 돈이 없으면 스스로가 불행하다고 생각해 기가 죽고 인생이 초라해진다. 우리 속담에도 '개 같이 벌어 정승같이 써라'라는 말이 있다. 젊었을 때 최대한 많이 벌어 놓고 중반 이후 의미 있게 쓰는 게 중요하다. 몸과 정신이 튼튼할 때 돈을 최대한 많이 벌어 놓는 것이다. 물론 어디까지나 돈은 수단이지 목적이 아니란 점을 잊지 말아야 한다. 돈은 도구일 뿐이다.

얼마나 벌어야 행복해질까

그렇다면 어느 정도까지 벌어야 만족할 만한 적정 수준일까? 미국의 경우, 하버드대학교 길버트 교수의 연구 결과에 의하면, 연 수입 9만 달러까지는 수입이 높아질수록 행복감이 높아진다. 그러다 그 이상을 넘어서면 별 차이가 없었다고 한다. 가령 소득이 5만 달러 이상인 사람은 2만 달러 이하인 사람보다 2배 정도 행복감을 느끼지만, 소득 20만 달러 이상의 사람과 10만 달러 사람이 느끼는 행복감은 비슷했다.

일단 기본적인 욕구가 충족되고 나면 더 많은 돈이 더 많은 행복을 보장하는 것은 아니다. 우리나라의 경우, 연세대 서은국 교수 연구 결과에서도 유사한 결과가 나왔다. 수입이 일정해야 하지만 수입이 더 많아진다고 해서 더 행복해지는 것이 아니다. 어느 정도까지의 소득, 예컨대 월 300만 원 정도까지는 소득이 행복과 비례하지만 그 이상일 때는 소득이 행복에 별 영향을 미치지 않는다는 것이다.

두 조사 결과를 종합해보면, 일정 수준까지는 돈과 행복은 상관관계를 가진다. 그 기준은 나라의 규모나 경제 상황, 소득 차이로 서로 다른데, 미국은 9만 달러(약 1억 원) 정도, 그리고 한국은 월급 300만원(연봉 4천만 원) 정도까지 행복과 소득이 비례하는 것으로 조사되었다. 다시 말해, 사회생활 초창기인 경우에는 돈이 많으면 많을수록 행복하다는 뜻이다. 또한 돈은 가난한 사람을 행복하게 한다. 그러나 어느 정도 수준의 부를 가진 사람들의 경우 반드시 그렇지만은 않다는 것을 암시한다. 사실 사람들을 불행하게 만드는 것은 절대적인 돈의 양보다도 극심한 경제적 불평등 때문인 것이다.

02

부자들의 집착,
어플루엔자

"야, 우리 모처럼 고스톱이나 한 번 칠까?"

고교 동창생 넷이서 강남에 있는 고기 집에서 저녁을 먹다가 불쑥 현우가 말을 꺼냈다.

"그래, 우리 고스톱 친 게 언제냐? 지난번 누구 상가에서였던가?"

민석이 거들었다.

"그때 우리만 판을 벌였지, 아마."

영구도 맞장구를 쳤다. 예전에는 상가에서 으레 밤을 샜기 때문에 여럿 모인 화투판이 벌어졌다. 사람이 많으면 '섯다'판이 벌어졌고, 서너 명 정도면 고스톱을 쳤다. 한때 고스톱은 국민 놀이라고 할 정도로 전

국민이 즐겨 하는 화투 놀이였다. 요즘은 인터넷과 스마트폰으로 '맞고'라는 게임을 하기도 한다.

"윤석아, 네 집으로 가자. 마누라 여행 갔다며."

의기투합한 네 사람은 마침 거리가 가깝고 마누라 눈치도 볼 필요가 없는 윤석이네 집에서 모처럼 고스톱 판을 벌렸다.

"야, 이거 얼마 만이냐!"

화투 패를 돌리는 민석은 감회가 새로운 듯 재빠른 솜씨로 패를 나누었다.

"점 천, 독박 없고."

윤석이 고스톱 룰(rule)을 줄줄이 읊어댔다. 점 천은 일 점당 천 원이고, 독박 없다는 것은 아무 쪽이나 편한 곳을 밀어 준다는 뜻이다. 시간이 지나면서 돈은 한쪽으로 몰렸다. 영구가 거의 다 쓸다시피 했다. 영구는 신이 나서 '오가는 현찰 속에 싹트는 우정'이라고 콧노래를 불러가며 연신 돈을 쓸어 담는 데 여념이 없었다. 나머지 세 사람은 은근히 영구가 미워 서로 눈짓으로 신호 교환을 하면서 상대를 밀어주고 쳤지만, 오늘 운세는 아무래도 영구한테 가 있는 듯했다. 연신 영구가 땄다.

그런데 급기야 사단이 나고 말았다. 영구가 삼패, 즉 똑같은 패가 세 장 들어와 흔들고 쳐서 점수가 났는데 너무 흥분한 나머지 흔들고 친 것을 깜빡 잊어버려서 두 배를 못 받았다. 그래서 화투를 돌리다가 돈을 더 내놓으라고 시비가 붙은 것이다. 모두들 이미 패가 돌았으니 못 준다고 하며 언성을 높였다. 영구는 이미 돈을 많이 땄음에도 불구하고 지나치게 돈에 집착해 끝까지 더 받아야 한다고 우겨댔다. 결국 고스톱 판은 깨지고 모두 자리를 털고 집을 나섰다.

○

모든 인간의 역사는 결핍과 고난으로부터 출발한다. 그리고 돈은 결핍으로써 사람을 가르친다. 열정, 도전, 끈기, 오기, 용기 이 모든 것을 이끌어내는 원천이 바로 돈이다. 유대 속담 중 '사람을 해치는 것이 세 가지 있다. 근심, 말다툼, 그리고 빈 지갑이다'라는 게 있다. 돈이 없으면 사람은 피폐해진다.

많은 사람들은 돈과 성공을 하나로 보고 있다. 미국 270개 대학 20만 명 이상의 신입생을 대상으로 인생에서 가장 숭요한 목표가 뭐냐고 물었다. 77%가 '경제적으로 아주 잘 사는 것'이라고 답했다. 돈이 자본주의 시대 사람들의 최종 목표가 된 것이다. 그러나 이러한 현대 자본주의는 큰 위험에 직면해 있기도 하다. 재산이라는 용어가 오직 경제적 가치로만 이해되고, 개인이나 국가 할 것 없이 자신의 행위가 인간과 자연의 고결함에 어떤 결과를 가져올 것인지에 대해서는 염두에 두지 않는다. 결국 부의 축적은 삶의 다른 목적을 모두 밀어내고 현대인이 추구하는 삶의 궁극적인 목표로 자리 잡고 말았다. 그래서 가지지 못한 자는 비참해하고, 부자들은 더 갖지 못해 안달한다.

부자들의 집착, 어플루엔자

부자들의 집착을 어플루엔자(affluenza)라고 부른다. 풍요의 'affluent'와 유행성 독감인 'Influenza'의 합성어이다. 풍요로울수록 더 많은 것을 욕망하는 현대인의 탐욕이 만든 질병을 일컫는 말이다. 우리나라 속담 중에 '99냥 가진 부자가 100냥을 채우고 싶은 욕심에서, 가난한 사람의 1냥을 노린다'라는 말과 상통한다.

인생을 돈 걱정 하지 않고 살게 된다면 매우 행복한 인생을 살았다고 말할 수 있을 것이다. 일해서 버는 수입은 생계를 유지하고 여가를 즐기기 위해, 즉 인간다운 삶을 누리기 위해 꼭 필요한 것이다. 그렇기 때문에 돈을 너무 적게 벌거나 현명하지 못하게 쓰면 고통받는 것은 당연하다.

사람들의 공통적인 소망 중 하나는 돈 걱정 없이 사는 것이다. 그런데 희한하게도 아무리 돈을 많이 번 사람들에게 지금 당장 갖고 싶은 것이 무엇이냐고 물으면 대부분의 사람들은 '더 많은 돈'을 꼽는다. 몸의 모든 부분은 마음에 의존하고 마음은 돈 지갑에 의존하는 것이다. 물론 돈은 사람을 축복해주는 것이다. 부는 요새이고, 가난은 폐허이다. 행복을 돈으로 살 수 없다는 것은 다 아는 사실이지만, 돈이 없으면 행복해질 수가 없는 것도 또한 사실이다. 돈과 행복은 어느 정도 상관관계를 지니고 있다.

그런데 부가 행복과 동일한 것은 아니다. 부란 물질과 재산, 그리고 돈의 소유를 말하는 것이지만, 행복이란 오히려 돈으로 살 수 없는 불확실한 삶의 선물이다. 우리가 그토록 목을 매는 지위나 소득 등은 기껏해야 행복감의 10% 정도를 차지한다고 한다. 우리는 그 10%를 더 얻으려 기를 쓰다가 종종 나머지 90%을 잃어버리기도 한다. 먼저 참된 행복을 이루어 놓지 않은 상태에서 '더 많이 가지는 것'에만 혈안이 되면 복잡한 문제를 일으켜 상황이 악화될 수 있다. 행복한 사람만이 돈이 생겼을 때 더 행복해질 수 있다.

복권 당첨자들이 불행한 이유

아무런 노력과 준비 없이 갑자기 부가 생기면 도리어 관리를 못해 화가 되곤 하는 대표적인 사례가 복권 당첨자들이다. 대부분 거액의 복권 당첨자 중 80%가 다시 알거지가 되고, 예전보다도 더 불행한 삶을 살고 있다.

미국 노스웨스턴 대학 심리학자 브라만이 거액 복권 당첨자 22명을 추적 조사한 결과, 당첨 초기에는 행복감이 급격하게 상승했지만 1년도 못 가서 행복감이 당첨 이전 수준으로 복귀했다. 그리고 영국의 100만 파운드 복권에 당첨된 사람이 10년 뒤 폐인이 되어 예전의 주급 42파운드(6만 원 상당)의 직장으로 복귀해 예전의 행복을 되찾았다고 한다.

돈도 자기의 분수에 맞게 차근차근히 쌓아가야 관리가 되고 행복의 원천이 되는 것이다. 그래서 한편으로는, 돈이 행복의 모든 기회를 막는다고 믿기도 한다. 돈이 사람들의 마음을 움직여 이미 가진 돈에 정비례하는 만큼 갈망을 만들어내고, 사람들은 돈이 많을수록 더 돈이 필요하다고 느낀다. 어느 시점에 이르면 돈이 무엇을 위해서 필요한지도 모른 채 그저 더 많이 긁어모으는 데 혈안이 된다. 주된 원인은 물질적 풍요 때문이다.

돈을 부리는 주인

다른 사람이 나의 존재를 인정하고 가치를 알아주기를 바라는 마음은 인간의 욕망 중 중요한 자리를 차지해왔다. 타인의 인정은 여러 가지 형태로 나타나는데, 가장 선호하는 것 중 하나가 바로 사회적 지위다. 사회의 위계질서 내에서 높은 위치나 계급을 얻는 것이다. 그리고 사람들은 이제 돈이 그 역할을 해준다고 믿으며 어느 정도 그것은 사실이다.

물론 돈이 인생의 전부는 아니다. 많지 않은 돈으로도 훌륭한 가족 관계와 종교와 취미 활동을 통해 충분히 행복하게 살아가는 사람도 있다. 그러나 돈 없이도 행복한 삶을 살 수 있다는 말은 헛된 꿈에 지나지 않는다. 정재쌍전(丁財雙全)이라는 말은 건강한 몸과 재물이 쌍으로 완전해야 한다는 의미이다. 돈을 많이 벌되, 돈의 노예가 되지 말고 돈을 부리는 주인이 되어야 한다.

03

도대체 얼마나 벌어야
행복해질까?

"현우야, 커피 한 잔 하자."

퇴근 시간이 다 되어서 오랜만에 대학 동기인 동수로부터 전화가 왔다.

"그래. 늘 보던 그 회사 앞 커피숍 알지? 6시 반에 보자."

퇴근해서 두 사람은 회사 앞 커피숍에서 만났다.

"웬일이냐? 바쁘신 분이 이렇게 시간을 다 내주시고."

현우는 은근히 비아냥조로 동수의 심기를 건드렸다. 동수는 벤처 열
풍에 동반해 창업한 회사를 코스닥에 상장시켜 갑자기 졸부가 된 젊은
부자 중 한 명이다.

"야 인마. 너까지 그럴래?"

동수는 눈을 흘기면서도 웃음 띤 얼굴로 핀잔을 주었다.

"그런데 무슨 일 있냐?"

"아니, 별일은 뭐. 너도 알잖아. 요즘 내 주위에 사기성 많은 사람이 모이는 거."

동수가 돈을 벌고 나서부터는 좋은 사업에 투자하라며 접근해오는 사람들이 쇄도하고 있었다. 동수는 부담 없이 터놓고 이야기할 상대가 현우뿐이라서 그런 사람들을 피해 가끔 현우를 찾았다.

"아직도 그렇게 사람들이 찾아오냐? 벌써 몇 년째냐? 그 사람들 참 질기다."

"말도 마라. 오늘도 네 명이나 뒤치다꺼리하다가 하도 머리가 지끈거려서 좀 쉬려고 너한테 전화한 거야, 인마."

"어, 그래. 너 잘 만났다. 우리 회사에도 돈 좀 투자해 주시지 그래?"

"오, 부루투스(Brutus) 너마저."

동수는 시저(Caesar)의 죽어가는 모습을 흉내 내며 옆으로 쓰러지는 척했다. 그리고 둘은 껄껄 웃었다.

"그런데 어머니가 조카 등록금 이야기를 꺼내시는데 참 곤란해서."

동수가 화제를 바꿔 오늘의 본론으로 들어갔다.

"왜? 형님 아들 창우 말이야? 참, 그놈 대학 갔다며."

"그래. 근데 문제는 외국대학에서도 합격통지가 왔다는 거야."

"거 잘됐네. 남들은 들어가지도 못하는 대학을 두 군데나 붙고."

"야 인마. 너 남의 일이라고 그렇게 함부로 이야기하는 것 아냐!"

동수가 갑자기 정색을 하고 성질을 부렸다. 이제야 현우는 오늘 동수가 찾아온 이유를 알았다.

동수 어머니는 조카를 미국에 보내고 싶은데, 동수에게 은근히 학비를 지원해 달라는 압력을 넣으신 거였다. 동수는 거절도 못하고 속앓이를 하다가 현우에게 하소연 좀 하려고 들른 것이었다. 현우도 이 미묘한 문제에 대해서는 딱히 뭐라고 조언해 줄 입장이 안 되었다.

애꿎은 커피만 홀짝거리고 있자니 동수도 슬쩍 화제를 돌렸다. 그때 동수의 스마트폰이 울렸다.

"네, 동수입니다. 삼촌, 네, 네, 네. 알겠습니다. 곧 가겠습니다."

동수는 계속 일방적인 대답을 하더니 자리를 털고 일어났다.

"무슨 일인데? 집안에 일 생겼니?"

현우가 궁금해 물었다.

"아니, 삼촌댁에서 모여 고스톱을 치는데 나보고 오래. 물주가 필요하다고."

이제는 가족들까지도 동수를 돈줄로 보는 것이다.

"내가 이렇게 산다."

동수는 한숨을 내쉬며 커피숍을 나서서 삼촌댁으로 향했다.

동수는 사업을 통해 돈은 벌었지만 돈 때문에 사람들을 기피하고 부정적인 시각으로 보는 좋지 않은 버릇이 생겼다. 돈에 대한 일종의 트

라우마(trauma)가 생긴 것이다.

○

　부가 우리를 행복하게 해주지 않을 뿐 아니라 부의 축적을 위한 시장 지배적인 우리 사회의 개인주의와 경쟁적 요구가 도리어 우리를 불행하게 만든다. 그럼에도 불구하고 대부분의 사람들은 인생을 온통 돈 버는 데에만 맞춰 움직인다. 굳이 그렇게 살고 싶어서라기보다는 어려서부터 집에서 그렇게 배워왔기 때문이다.

　우리 사회에서는 사람이 어떤 일을 할 수 있는지, 그리고 그 일로 얼마나 많은 돈을 버는가에 의해 모든 사람의 가치가 평가된다. 돈을 많이 벌면 벌수록 사람의 지위는 높아지고, 급여명세서에 0이 뒤로 많이 붙을수록 그 사람이 지닌 가치와 권력, 그리고 영향력이 확대된다는 것이다. 우리 사회에서는 이런 사고방식을 가진 사람이 대부분이다.

우리 세대, 부자의 기준 재산

　그렇다면 우리 세대가 생각하는 부자의 기준 재산은 얼마일까? 한 보험회사에서 조사한 바로는, 약 134억 정도의 재산을 가져야 부자라고 할 수 있다고 한다. 그런데 이 정도의 큰 금액은 우리 젊은 세대들이 평생을 벌어도 불가능한 액수다. 결국 부의 원천은 부모의 유산이라고 보아야 한다. 다시 말해, 요즘 시대에는 타고난 부자가 아니면 자력으로 부자 되기가 어렵다는 소리다.

이처럼 부자 되기가 어려운데 그럼에도 불구하고 왜 부자가 되고 싶은가에 대한 답은 아주 간단하다. 사고 싶은 물건을 마음껏 살 수 있는 자유 그리고 하고 싶은 일을 할 자유가 있기 때문이다.

돈의 길목, 돈을 버는 방법

그런데 진정으로 돈을 벌어 부자가 되고 싶다면 돈의 길목을 찾아야 한다. 사람마다 돈을 버는 방법은 다를 수밖에 없다. 어떤 사람은 돈을 써서 돈을 벌고, 어떤 사람은 사람을 써서 돈을 벌고, 어떤 이는 지혜를 써서 돈을 벌고, 어떤 사람은 시간을 써서 돈을 번다. 돈과 사람과 지혜를 활용하지 못하고 오직 자기 몸뚱이와 시간만 쓰는 사람은 결국 남의 다스림을 받게 된다. 가난한 사람은 생각과 행동이 둔해지기 마련이다. 부자는 결과에 따라 보상받고 가난한 사람은 시간에 따라 보상받는다. 부자와 그렇지 않은 이들이 돈을 버는 방법에는 큰 차이를 보인다. 백만장자는 운명이라기보다는 선택이라고 할 수 있다.

부자가 되기 위해서는 날카로운 판단력, 저돌적으로 밀어붙이는 추진력, 냉정한 자제력을 필수로 갖추어야 한다. 부자가 되기 위해서는 절약도 중요하지만 최고의 절약은 아끼는 것이 아니라 더 많이 버는 것이다. 100만 원 벌어 50만 원 저축하는 것이 아니라 500만 원을 벌어 100만 원을 저축하는 것이다.

나를 위해 일하는 돈

그러나 연봉이 많다고 해서 부자가 될 수는 없다. 수입이 많다는 것과 부자가 된다는 것은 별개의 것이기 때문이다. 일요일 오후만 되면 두통이 오고, 월요일 아침은 그야말로 도살장에 끌려가는 소나 다를 바 없다. 휴가도 마음대로 못 가고, 항상 윗사람의 허락을 받아야만 하는 현대의 직장인들, 이렇게 죽을 고생을 하면서도 부자가 못 된다는 것이 아이러니하다.

더 이상 직장에 매인 몸이 아닌 자유의 몸이 된다는 것은 직장생활을 하는 사람들이 상상하는 그것 이상의 기쁨이며 즐거움을 준다. 바로 이러한 이유로 사업을 하는 사람이 더 부자가 되고, 더 행복하고 더 충만한 삶을 살아갈 수 있다.

최근 들어 부를 축적한 핵심이 근로 소득에서 불로소득으로 이동하고 있다. 즉 일하는 대가로 받은 돈(money that you work for)보다 나를 위해 일하는 돈(money that works for you)이 더 중요해진 것이다. 결국 부자가 되기 위해서는 근로 소득(working income)보다 투자 소득(passive income)이 많아지도록 해야 한다고 스텐 데이비스와 크리스토퍼 메이어가 『미래의 부』에서 밝히고 있다.

부자가 되어도 불행한 경우

부자가 된다는 것과 행복한 삶을 사는 것은 밀접한 관계가 있으면서도 한편 불가분의 관계는 아니다. 원래는 영화감독이 꿈이었던 사람이 가난 속에서도 꿈을 좇아 열심히 살았다고 하자. 그는 어느 날 작은 아이디어가 생각나 벤처사업으로 손 쓸 수 없을 정도로 큰 돈을 벌어들였다. 물질이 주는 안락과 즐거움 속에서 그는 더 이상 이전의 꿈을 좇지 않아도 되었다. 결국 그는 알코올 중독자가 되었고 허망하고 피폐한 삶을 살게 되었다. 과연 모든 사람들이 돈을 목적으로 살아가고는 있지만 너무 많은 돈이 사람을 해할 수도 있다.

부자가 행복한 이유는 돈 때문이 아니다

많은 경제학자들은 소득 1만~2만 달러 정도, 즉 기본적인 삶의 욕구가 충족될 정도의 돈을 번 이후에는 돈을 더 버는 게 큰 의미가 없다고 분석했다. 다만, 부자가 행복한 것은 돈의 액수가 아니라 돈에 따라 붙는 '지위' 때문이라고 주장하고 있다.

미국 잡지 《포브스》가 선정한 미국 최고 부자 중 37%가 표준보다 덜 행복하다고 했다. 100대 부자들은 평균보다 조금 더 행복했을 뿐이고 일부는 정말로 불행하다고 느꼈다고 하며, 심지어 굉장한 부자는 행복했던 적이 단 한 번도 없었다고 한다고 하버드 대학의 에드 디너 교수의 연구에서 밝혔다. 반드시 부자라고 해서 모두 행복한 것은 아니다. 과유불급(過猶不及), 모자라서도 안 되지만 너무 지나쳐도 안 되는 것이다. 부족함이 없는 것이 바로 행복인 것이나.

자신에게 냉정한 검약,
타인에게 냉정한 인색

"똑, 똑, 똑."

한 중년 부인이 허름한 아파트의 문을 두드렸다.

"문이 열렸으니 들어오세요."

방안에서 나지막한 할머니의 목소리가 들렸다. 그 중년 부인은 '오늘은 참 안 되는 날이구나' 하고 직감적으로 생각하며 방안으로 들어섰다. 하루 종일 모금을 하러 다녔는데 결과가 신통치 않았다. 해는 어두워지고 마지막으로 이 집의 방문을 두드린 것이었다. 문을 열고 들어서니 어두컴컴한 방 가운데 할머니가 촛불을 두 개 켜 놓고 책을 읽고 있었다. 세간살이는 아주 단출했다. 꼭 필요한 물건들만 가지런히 정리되어 있었다.

"무슨 일로 오셨나요?"

할머니는 안경을 벗고 책을 덮으면서 말했다.

'이번에도 또 어렵겠구나' 하는 부정적인 생각이 들었지만 일단 들어왔으니 용건을 꺼냈다.

"네, 저는……."

망설이다가 막 용건을 말하려는데 할머니가 촛불 하나를 껐다. 그리고는 조용히 방문객의 말을 들었다. 그 중년 부인은 어려운 이웃을 위해 모금을 하고 있다고 설명했다. 중년 부인의 설명이 끝나자 할머니는 그 여자의 눈을 한참 동안 응시하더니 서랍에서 수표책을 꺼냈다. 그리고는 금액을 써서 주었다.

"얼마 안 되지만 요긴하게 써 주세요."

할머니가 밝게 웃으며 말했다. 중년 부인은 수표를 받으면서 100불 정도 썼겠거니 생각하고, 그래도 성의껏 수표를 건네준 데 감사해 고맙다는 인사를 했다. 그리고 물었다.

"할머니, 왜 방금 전에 촛불을 끄셨나요?"

할머니는 빙그레 웃으면서 말했다.

"책을 읽을 때는 밝아야 하지만 이야기할 때는 조금 어두워도 상관없기 때문이지요."

듣고 보니 맞는 말이었다. '참 알뜰하게 사시는 분이구나' 생각하고는 방을 나왔다. 밝은 복도에서 수표를 꺼내어 금액을 확인해 보니 무려 10만 불이었다.

○

쓰는 게 먼저다

돈이 나를 행복하게 해주지 못한다면 그 이유는 돈 자체에 있는 게 아니라 돈을 쓰는 방법에 있다. 돈으로부터 얻을 수 있는 행복과 충족감을 극대화할 수 있는 가장 적합하고 확실한 방법으로 돈을 써야 한다. 돈이란 벌기도 어렵지만, 벌어 놓은 돈을 쓰는 것 또한 매우 어렵다.

돈이라는 것은 많이 쓰고 많이 벌어야 한다. 그런데 순서는 쓰는 게 먼저다. 버는 것보다 더 중요한 것은 쓰는 것이다. 행복을 살 수 있는 핵심 열쇠는 우리가 얼마나 성공적인가가 아니라 성공을 가지고 뭘 하느냐에 달려 있으며, 소득이 얼마나 큰가가 아니라 소득을 어떻게 분배하느냐에 달려 있다.

풍요 중에서 가장 아래 단계는 물질의 풍요, 중간 단계는 마음의 풍요, 최상의 단계는 나눔의 풍요이다. 예로부터 서양에서는 기부 문화가 정착되었고, 서양인들은 어릴 때부터 나눔을 실천하며 살아왔다. 아마도 소득의 1/10을 기부하는 기독교의 십일조 같은 종교적 영향을 많이 받아서일 것이다.

돈은 가지고 있는 것만으로는 의미가 없다. 잘 누리고 잘 쓰는 사람이 되어야 한다. 우리 속담에 '개처럼 벌어서 정승처럼 써라'라는 말이 있다. 번 돈을 잘 써야 한다는 뜻이다. 다시 말하면, 돈으로 행복을 살 수 있다는 것은 그 돈을 다른 사람에게 쓸 때를 말하는 것이다(Money can buy happiness, if we spend on others).

진정한 부자, 리얼리어네어

돈을 잘 벌고 또 잘 쓴 사례를 보여주는 대표적인 이가 록펠러(Rockfeller)일 것이다. 미국의 사업가이자 석유왕이라고 불리는 록펠러는 33세에 백만장자가 되었고, 43세 미국의 최대 부자가 되었으며, 53세에 세계 제일의 갑부가 되었다. 그러나 행복하지는 않았다고 한다. 그는 55세에 갑자기 불치병으로 사형선고를 받고, 병원에서 최종 검사를 하던 중 병원 로비에 놓여 있는 책자에서 한 글귀를 읽었다. '주는 자가 받는 자보다 복이 있나니.' 순간 그는 뭔가 깨달음을 느꼈다.

잠시 후 병원 로비가 시끄러워졌다. 돈이 없어 입원을 못한 환자의 어머니가 병원에 통사정을 하고 있었다. 록펠러는 비서를 시켜

그 환자의 병원비를 몰래 지불하게 했다. 환자는 입원을 했고, 추후 회복되어 퇴원을 했다. 이 과정을 지켜본 록펠러는 그때 자신이 얼마나 기뻤는지 자서전에 이렇게 표현했다. '저는 살면서 이렇게 행복한 삶이 있는지 몰랐습니다.' 그때부터 나눔의 삶을 실천하면서 살기로 했고, 신기하게도 동시에 그의 병도 나았다. 그는 98세까지 장수했다. 그는 전반 55년은 쫓기며 살았지만 후반 43년은 행복하게 살았다고 회고했다.

우리는 빌 게이츠(Bill Gates)나 워렌 버핏(Warren Buffet) 같은 세계적인 부자들의 기부 활동에 관한 뉴스를 자주 듣는다. 그들은 모은 돈을 유산으로 물려주지 않고 사회단체나 재단을 만들어 기부

한다. 미국에서 가장 어린 나이에 백만장자가 된 파라 그레이(Para Grey)는 '리얼리어네어(Reallionaire)'라는 말을 만들어냈다. 이는 '돈을 그냥 소유하는 게 아님을 깨달은 사람, 주머니만 채우는 게 아니라 마음도 채우는 것이 성공임을 아는 사람'이라는 뜻이다. 바로 그들이 리얼리어네어들이다.

베푸는 사람, 기버

29세에 와튼 스쿨의 종신교수가 된 애덤 그랜트(Adam Grant)는 그의 저서 『기브 앤 테이크(Give and Take)』에서 베푸는 사람인 기버(giver)가 성공한다고 주장했다.

기버(giver)는 자기 시간과 에너지를 소진해버려 결국 녹초가 돼버린다는 것이다. 수많은 연구 결과를 보더라도 기버는 흔히 말하는 성공의 사다리 맨 아래로 추락하는 경우가 대부분이다. 그런데 놀라운 것은, 그 사다리 맨 위도 역시 기버가 많이 차지하고 있다는 것이다. 많은 증거가 아주 명확하게 보여주는 것은, 기버가 꼴찌를 할 뿐만 아니라 일등도 많이 한다는 것이다. 다른 사람을 도와줌으로써 당신을 성공하게 만드는 정말 많은 강력한 방법이 있다.

실제로 그랜트 교수가 노스캐롤라이나 주의 영업사원들을 대상으로 조사한 결과, 최고 영업사원은 기버였으며, 받기만 하는 테이커(taker)와 받은 만큼만 주는 매처(matcher)보다 50% 높은 실적을 올렸다. 성공한 기버의 공통적 특징은 다른 사람의 이익뿐만 아니라 자신의 이익에도 관심이 많다는 것이다. 빌 게이츠는 '인간의 본성에는 두 가지 큰 힘이 있다. 하나는 자기 이익이고 다른 하나는 타인에 대한 배려이다. 자본주의의 미래는 둘을 합친 하이브리드(Hybrid) 엔진'이라고 말한다. 애덤 그랜트는 '모든 사람이 똑같이 '베풂의 근육'을 갖고 있으며, 그 근육이 처음엔 약하지만 계속 운동하면 강해지는 것처럼 베풂도 시간이 지날수록 사람 간의 관계를 깊고 넓게 만든다'고 말했다.

자신에게 냉정한 검약,
타인에게 냉정한 인색

우리나라에도 가진 자들이 베푸는 사례로 제주의 김만복 할머니와 경주 최 부잣집 등이 유명하다. 그런데 주목할 만한 사실은 거액 기부자의들 중 대부분은 도리어 적게 가진 사람들이라는 점이다. 우리는 물질적인 풍요를 누리는 부자보다도 삶에 더욱 만족하며 성실하고 행복하게 살아가는 사람들을 주변에서 자주 볼 수 있다. 대학가에서 수십 년 동안 김밥을 팔아 모은 돈을 대학에 쾌척한 할머니, 재래시장에서 콩나물 가게를 해 번 전액을 어려운 사람을 돕기 위해 희사한 할머니 등의 이야기는 정말 감동적이다.

배우 최수종이 출연한 〈철가방 우수氏〉는 실화를 바탕으로 한 영화다. 주인공 김우수는 중국집 배달원으로 월급 70만 원 중 25만 원을 고시원 집세로 내고, 매달 5~10만 원씩 5년째 어린이재단에 기부해 생활이 어려운 어린이 5명을 후원했다. 또 사망 시 받는 종신보험금 4천만 원도 어린이재단으로 기부하고, 장기기증까지도 했다. 문자 그대로 살신성인(殺身成仁)의 베풂이 아닐 수 없다.

이런 기부자들의 삶을 보면, 대부분 풍요롭게 살았던 것이 아니라 검약한 삶을 살았다는 것이 인상적이다. 진정한 절약은 인색이 아니다. 모든 대상이 그것의 가치를 충분히 발휘할 수 있도록 하는 것이다.

인색과 검약은 다르다. 자신에게 냉정한 것을 검약이라 하고, 타인에게 냉정한 것을 인색이라 한다. 어디에 어떻게 쓰는가 하는 것이 중요하다. 노력의 여부에 따라 오늘의 바보가 내일의 현자가 될 수도 있고, 과거의 부자도 현재의 가난뱅이가 될 수 있다. 타인을 향해 베푸는 그들의 이러한 노력은 오늘날 높이 칭송 받고 있다.

자발적인 단순함

지위 불안과 쇼핑 중독이라는 딜레마는 물론, 과도한 노동 문화에서 해방되는 가장 효과적인 방법은 더 단순하고 저렴한 생활을 하는 것이다. 자발적인 단순함(voluntary simplicity)은 과시적 소비가 아닌 양심적인 소비를 장려하는 철학이자, 외적으로는 단순하면서 내적으로는 풍요로운 생활 방식이다.

현대 생활에서 필요한 최소 필수품을 '소셜 미니멈(social minimum)'이라고 한다. 이런 최소함으로 살았던 대표적인 사람은 그리스의 철인 디오게네스(diogenes)일 것이다. 가진 것 없이 집이 아닌 '통' 속에서 살고 있었지만 '행복한 디오게네스'의 명성을 듣고 알렉산드로스(Alexandros) 대왕이 그를 찾아갔다.

"나는 알렉산드로스 대왕이다. 내가 너를 위해 무엇을 해 주기를 원하는가?" 알렉산드로스 대왕이 묻자 그는 "햇빛을 가리고 있으니 좀 비켜 주시면 고맙겠습니다"라고 대답했다. 보통 사람이면 그런 모욕을 당하고 화를 냈겠지만, 대왕은 그를 더욱더 존경하며 "내가 일렉산드로스가 아니었다면 디오게네스가 되었을 것이다"라고 말했다.

과연 누가 더 행복한 삶을 살고 있는 것일까? 현대에서도 헬렌 니어링(Helen Nearing)은 『아름다운 삶, 사랑 그리고 마무리』에서 다음과 같이 말하며 몸소 단순한 삶을 실천했다.

덜 갖고 더 많이 존재하라. 삶에서 중요한 것은 당신이 갖고 있는 소유물이 아니라 당신이 누구인가 하는 것이다. 단지 생활하고 소유하는 것은 장애물이 될 수 있고 짐일 수도 있다. 우리가 가지고 있는 것이 아니라, 그것으로 우리가 어떤 일을 하느냐가 인생의 진정한 가치를 결정짓는 것이다.

자유 없는 검소함, 검소함 없는 자유

비단 서양에서만 청빈한 삶을 이야기한 것은 아니다. 우리나라 조선시대의 선비 김정국은 「선비답게 사는 것」에서 이렇게 노래하고 있다.

그대는 살림살이가 나보다 백배나 넉넉한데 어째서 그칠 줄 모르고 쓸 데 없는 물건을 모으는가? 없어서는 안 될 물건이 있기야 하지. 책 한 시렁, 거문고 한 벌, 벗 한 사람, 신 한 켤레, 잠을 청할 때 베게 하나, 바람 통하는 창문 하나, 햇볕 쪼일 툇마루 하나, 차 달일 화로 한 개, 늙은 몸 부축할 지팡이 한 개, 봄 경치 즐길 나귀 한 마리가 그것이라네. 늙은 날을 보내는 데 이외에 필요한 게 뭐가 있겠나.

자유 없는 검소함은 탐욕을 불러오고, 검소함 없는 자유는 낭비벽을 불러온다. 내 가치는 내가 가지고 있는 돈이나 학력이 아닌 내가 인생을 살아가면서 얼마나 사람들에게 베풀며 살았는가로 측정되어야 한다. 그렇게 함으로써 자신의 가치를 만들어가야 한다. 돈이 많은 부자보다는 마음이 부자인 사람이 되도록 노력해야 한다.

돈에 관한 명상

돈은 최선의 종이요, 최악의 주인이다. | **프란시스 베이컨**

인생에는 두 가지 비극이 있다. 하나는 원하는 것을 얻지 못하는 것이고, 다른 하나는 그것을 얻는 것이다. | **오스카 와일드**

많은 사람이 돈을 시간보다 소중하게 여기지만, 돈 때문에 잃어버린 시간은 돈으로 살 수 없다. | **탈무드**

1년 소득이 20파운드, 1년 지출이 19파운드 6센트면 행복한 사람,
1년 소득이 20파운드, 1년 지출이 209파운드 6센트면 불행한 사람.
| **찰스 디킨스**

국민은 다른 사람을 살 수 있을 정도로 부유해서도 안 되고 자신
을 팔아야 할 정도로 가난해서도 안 된다. | **루쏘**

백만장자가 되기 위해서는 운과 지식과 열심히 하는 태도가 필요하
다. 하지만 이 세 가지만으로는 부족하고, '백만장자 마인드'가 있어
야 한다. 백만장자 마인드란 일과 목표를 달성하기 위한 기술과 지
적 능력의 총체를 말한다. | **폴 게티**

가난하다고 부끄러운 것은 아니야.
하지만 대단한 영예도 아니지. | **테베**

부는 가는 곳마다 더 많은 재산을 가져다주지만 행복에 대한 상관
성은 놀랄 정도로 낮다. 평균적으로 부자들은 가난한 사람보다 아
주 조금 행복할 뿐이다. | **마틴 셀리그먼**

 피를 뜨겁게 하고 영혼을 재로 변화시키는 것은 돈이
아니라 돈 속에 사는 권력이다. | **호레이스 그레고리**

뭉쳐 있는 부는 죽음이지만 흩어져 있는
부는 생명이다. 적당한 양을 사용하면 독도
약이 되는 것처럼, 향수의 연료도 쌓아두면
악취가 풍기지만, 골고루 뿌려주면 하늘 널
리 향기가 퍼지는 것처럼. | 알렉산더 포프

적게 가지고도 잘 꾸려나간다면, 부자들도 우러러볼 것이다.
| 소크라테스

현재 부를 소유한 사람들은 가난한 사람들을 대신하여 부를 맡아
두고 있는 신탁자처럼 행동하기 바란다. | 간디

돈이란 그것을 좇을 때보다 획득했을 때가 더 골치 아픈 법이다. 잃
는 것에 대한 공포가 커다란 고민거리고, 그것을 잃는 것은 더 큰
괴로움이며, 그 괴로움은 생각할수록 더 커진다. | 세네카

창고가 차야 예절을 알고, 의식이 족해야 영욕을 안다. | 관중

인색한 인간과 살찐 돼지는 죽은 후에야 쓸모가 있다.
| 프리드리히 폰 로가우

HUMAN RELATIONSHIP

세 번째 공

관계

01

눈높이를 맞추려면
높은 쪽이
내려와야 한다

"애, 표정이 왜 그래? 요즘 무슨 일이 있니?"

"엄마는 잘 알지도 못하면서 괜히."

"아니, 왜 넌 그렇게밖에 못하니? 그땐 이렇게 했어야지."

곧바로 평가하고 가르치려고 하면 솔휘는 바로 입을 닫아버린다.

'자녀 교육에는 정답이 없다'는 말이 있듯이 자녀 교육이란 과학이 아니라 거의 예술과 같다. 문제지에 문제만 잔뜩 있고 정답은 없는 형국이다. 그래서 부모는 좌절을 느낄 수밖에 없다. 그러나 한 가지는 확실하다. 누구에게나 적용되는 정답이 없다는 것은 그만큼 부모의 역할이 중요하다는 뜻이다.

업무와 무더위로 심신이 지쳐 있던 어느 날, 현우는 식탁에서 솔휘를 꾸중했다가 집안에서의 자신의 위상을 발견했다.

"아빠에게 화난 일 있어? 왜 밥상에서 입을 꾹 다물고 있니? 그리고 어른들 앉아 계신데 저만 밥 다 먹었다고 혼자 일어나기야?"

그러나 솔휘는 대답도 없이 자기 방으로 들어가 문을 닫아버렸다. 이어지는 아내의 말이 현우의 가슴을 후려쳤다.

"당신, 그렇게 말해봤자 아빠의 권위가 안 서요."

아내는 작심한 듯 불만을 쏟아냈다.

"애하고 이야기를 할 시간을 한 번 안 내주면서 애 버릇 가르치려 해요? 쟤가 아빠 얼굴이나 보면서 큰 애예요? 당신은 밥상에서 분위기 띄운 적 있기나 해요? 쟤도 내년부터는 중학생이라고요. 당신이 돈 버는 것 말고 가족한테 해준 게 뭐예요?"

쉬지 않고 쏘아대는 아내의 말을 그저 듣고만 있었다. 혹 떼려다 혹을 붙인 꼴이다. 현우는 멍하니 천장을 바라보면서 속으로 이런 말을 중얼거렸다.

'깜짝 놀랐죠. 한 번도 한눈팔지 않고 달려왔는데. 가족들도 일에 대한 저의 헌신이 오로지 가족을 위한 것임을 이해하고 있으리라 믿었습니다. 그런데 제 성적표는 단지 '돈 벌어주는 아빠'란 한 과목에서만 과락을 면했더군요. 저는 역할을 다했다고 생각했지만, 가족들은 저와 다른 집 가장을 여러 면에서 비교하고 있더군요. 주말마다 함께 여행 가

는 아빠, 방학 때마다 해외연수 보내주는 아빠, 퇴근 후 함께 산책하는 남편…….'

◎

　이렇듯 세 명밖에 안 되는 단출한 핵가족에서조차 서로 대화가 안 통한다. 엄마와 아들, 아내와 남편, 그리고 아버지와 아들 사이 소통이 점점 더 단절되고 있다. 각자 자기의 입장에서 이야기를 하기 때문에 눈높이가 맞지 않아서이다. 가족과의 대화, 특히 아이들과의 대화에서는 부모가 아이들 수준으로 눈높이를 맞춰야 한다. 눈높이를 어떻게 맞추는가에 대한 일화를 소개한다.

쪼그려 앉아 그림을 감상한 노신사

　어느 날 미술관에서 작품을 감상하는 이들 중 한 노신사가 바닥에 쪼그려 앉아서 그림을 보고 있었다. 한 작품만 그렇게 보는 것이 아니라 모든 작품을 그렇게 앉아서 하나하나 뜯어보면서 메모를 하고 있었다. 미술관장은 그 모습이 하도 이상해서 말을 걸었다.
　"아니, 선생님은 왜 그렇게 앉아서 작품을 감상하시나요? 다리가 불편하신가요?"

그러자 쪼그려 앉아 있던 노신사가 자리에서 일어서면서 웃으며 말했다.

"내일 우리 학교 아이들이 이곳에서 현장 수업을 하기로 되어 있지요. 그래서 제가 그 아이들 눈높이에서 그림을 감상하고 느낀 점을 메모하고 있는 것이지요."

그제야 관장은 그 사람이 초등학교 선생님이라는 것을 알았다. 그리고 그가 왜 그림을 앉아서 감상하는지 이해할 수 있었다. 전시된 모든 그림은 어른 중심으로 전시되어 있기 때문에 어린이 눈높이에서는 다르게 보일 수 있기 때문이다. 그래서 선생님은 어린이의 시선에서 그림을 보고, 느낀 대로 아이들에게 설명해주려고 그랬던 것이다. 비슷한 예화 하나가 더 있다.

한 엄마가 어린 딸을 데리고 장난감을 사주려고 백화점에 갔다. 아주 화려하게 진열된 매장에서 아이에게 가지고 싶은 것을 고르라고 했더니 아이는 고르지 못하고 계속 칭얼대며 짜증을 냈다. 그래서 엄마가 왜 그러냐고 다그치니까, 아이가 하는 말이 "아무 것도 보이지 않아서 무엇을 사야 할지 모르겠어요"라고 말했다. 매장의 진열이 어른 기준으로 되어 있기 때문에 아이가 제대로 상품을 볼 수 없었던 것이다.

아버지와 자식 간의 이상한 관계

현대인은 언제나 너무 바쁘다. 특히 사회생활을 주로 하는 아버지들은 아이들에게 필요한 시간이나 관심을 충분히 주지 못한다. 그 대신 선물을 듬뿍 안겨줌으로써 못 다한 애정을 채우려 한다. 경제 사정이 허락하는 한 굳이 아이의 기를 죽이며 키울 필요는 없다고 생각해 가급적 아이가 바라는 것은 다 들어주려고 한다. 이렇게 해서 성장 과정에서 별 아쉬움 없이 자란 아이들은 남의 마음을 헤아리지 못하는 자기중심적 성격으로 성장할 수밖에 없다.

우리나라 아버지들은 가끔 있는 가족과의 자리에서도 대부분 말이 없는 편이다. 그러면서 동시에 아이가 표현하지 않는 것에 대해서는 이해하기 힘들어 한다. 하지만 표현해주지 않아도 알 것이라는 믿음은 아버지만의 것이다. 그런 아버지들을 정작 가슴 아프게 하는 것은 자식 뒷바라지에 휘는 등뼈가 아니다. 최근 들어 가족 간의 끈이 급격히 약해지고 개인주의가 팽배하면서 자녀들은 재정적으로는 아버지에게 계속 의존하면서도 그 밖의 문제에서는 자신의 영역에 아버지가 끼어들 여지를 거의 남겨 두지 않는다. 자녀들은 점점 아버지에게 계산적인 생각만 품게 된다. 예전의 아버지들은 그래도 자식을 위한 헌신의 대가로 밀접한 부자·부녀 관계를 이어갈 수 있었지만 요즘은 세태가 달라졌다.

눈높이를 맞추려면
높은 쪽이 내려와야 한다

눈높이를 맞춘다는 말은 많이 들어봤다. 그런데 어떻게? 눈높이를 맞추려면 서로 다른 높이를 같은 높이로 조절해야 한다. 그러려면 어느 한 쪽의 배려가 있어야 한다. 어느 쪽의 배려가 필요할까? 낮은 곳에서 높은 곳의 높이를 맞추기는 어렵다. 높은 곳에 있는 사람이 낮은 곳으로 내려와야 서로의 높이를 맞출 수 있다.

우리는 대등한 입장이 되어야 대화가 가능하다. 가족 사이에서는 부모가 아이의 높이로 내려오고, 회사에서는 사장이 직원의 높이로 내려오고, 국가에서는 대통령이 국민의 눈높이로 내려와야 한다. 다시 말해, 상대의 입장을 배려해 자세를 낮추어야 대화가 성립되는 것이다. 위에서 아래로 내려오지 않고 자기 자리를 고수하면서 상대를 대하면 소통이 불가능해진다. 남들도 내 생각과 똑같겠지 하는 아전인수(我田引水) 식의 생각이 소통을 가로막게 된다.

소통 매체를 활용해 행복을 소통하라

소통의 방법도 시대에 따라 변하고 있다. 그러나 예나 지금이나,

또 동양이든 서양이든 간에 가장 좋은 소통 방법은 단연 서로 얼굴을 맞대고 이야기하는 것이다. 표정과 눈빛, 태도를 통해 상대의 진정 어린 마음과 생각을 더 잘 이해할 수 있기 때문이다. 하지만 상황이 그렇지 못할 경우가 대부분이다. 그럴 때의 대안으로 글을 써서 전하는 간접적인 방법이 있다.

예전에는 주로 종이에 쓴 편지를 이용했는데, 시대가 변함에 따라 이제는 컴퓨터를 이용한 이메일, 메신저, SNS(social network service), 그리고 스마트폰 안의 카카오톡 등 인터넷 매체를 이용하고 있다. 소통 매체의 변화에 적응하지 못하면 당연히 소통은 가로막힐 수밖에 없다. 때론 영상 통화를 잘 활용하면 마치 대면한 것과 같은 효과를 누릴 수도 있다.

물론 내가 행복해야 남이 행복할 수 있다. 부모가 행복해야 아이들이 행복할 수 있고, 배우자가 행복해야 상대방이 행복할 수 있다. 자신이 행복하지 않고 어떻게 남에게 행복과 희망을 전할 수 있을까? 그리고 행복 역시 서로 소통이 되어야 나눌 수 있는 것이다.

02

왕따, 공공의 희생양은
되지 마라

현우는 오늘 조금 일찍 퇴근했다. 동아리 모임에서 특강이
있다고 해서 모처럼 6시 땡 하자마자 사무실을 나왔다. 대부분 자리를
지키고 있는데 정시에 퇴근한다는 것은 참 곤란한 일이 아닐 수 없다.
일찍 사무실을 나오는데 뒤통수가 따가웠다.

조금 이른 시간에 나온 덕분에 혼잡한 지하철은 피해 편히 퇴근할
수 있었다. 서두른다고 나왔는데 벌써 교육장은 빈자리가 없었다.

'이 사람들은 다 뭐야? 벌써 퇴근을 했단 말이야?'

빈자리 하나를 발견하고 비집고 들어가 자리를 잡았다.

'강의가 항상 그렇지 뭐. 잘 하면 된다. 열심히 하라 등등.' 이런 생각

을 하며 현우는 모자란 잠을 보충하기 위한 자세로 들어갔다. 잠시 후 아리따운 강사가 방긋 웃으며 연단에 올라섰다.

"힘드시죠? 사무실에서 일찍 빠져 나오시느라고요."

시작의 느낌이 다른 강사와 사뭇 달랐다.

"우리는 인생의 절반은 아무 생각 없이 등 떠밀려 살아왔다고 해도 과언이 아니죠. 최소한의 학창시절, 군대 생활, 결혼, 취업 등 이 세상이 만들어 놓은 절차에 따라 그 틀 속에서 그저 열심히 살아왔다고 할 수 있지요."

강의의 시작이 다소 화끈했다.

"그런데 현실은 어떻지요? 직장 9년 차에 전세 얻을 돈이 없어 월세로 전전하거나 부모님께 빌붙어 살지요. 피부는 거칠어지고 애인도 없어, 어쩌다 소개팅에 나가보면 상태가 안 좋아, 직장에서는 영어 잘하는 후배에게 스트레스 받고, 하는 일은 익숙해져 지겹고 적성도 안 맞는 것 같지요."

강사는 솔직한 돌직구로 아픈 가슴을 정확하게 콕 찔렀다.

"여러분들이 직장 생활을 하면서 가장 힘든 것은 아마도 나쁜 상사를 만나는 것일 겁니다. 이 세상의 모든 직장에는 성질 더러운 상사가 20~30% 있습니다. 그리고 그 더러운 인간들이 나한테 걸릴 확률도 2~30%가 되고요. 그리고 다른 직장으로 옮긴다고 그런 인간이 없느냐 하면 아니거든요. 꼭 있거든요."

이 대목에서는 다들 공감을 하는지 미소를 띠었다.

"유명한 여배우가 나온 CF 생각나실 거예요. 남편 하기는 아내에게 달렸다는 말, 누가 했지요?"

여기저기서 "최진실"이라고 대답했다.

"나쁜 상사도 나 하기에 달려 있죠. 항상 얻어먹는 것만 바라지 말고 분위기에 맞춰 자연스럽게 상사에게 밥을 사면 얼마나 빚진 마음이 들겠어요. 낮에는 전투적으로 일하다가도 밤에 서로 할퀸 상처 봉합해서 다시 얼굴 보면서 즐겁게 일하는 것도 실력이에요. 회사에서는 영리하게 일해야 합니다."

그러자 여기저기서 웅성거렸다.

"아니, 나 밥 사 먹기도 어려운데 돈 많이 받는 웬수 같은 부장에게 밥은 무슨."

분위기를 파악한 강사는 화제를 슬쩍 돌렸다.

"아하! 쥐꼬리만한 월급에 무슨 뇌물까지 쓰냐 이거죠?"

좌중은 조용해졌다.

"그렇다면, 돈으로 안 되면 실력으로 승부를 해야죠."

강사가 음료수를 마시면서 잠시 뜸을 들이고 다시 강연을 시작했다.

"실력은 타고난 지능인가, 노력인가, 성실성인가, 재능인가? 하는 질문에 동서고금의 수많은 사람들이 '근면함'이 분명한 답이라고 결론을 내렸지요. 즉, 한 분야의 전문가가 되거나 성공하기 위해서는 특정한 노력 또는 연습을 위해 1만 시간 정도는 투입해야 한다는 말입니다. 투자도 안 해보고 지레 겁먹고 물러서서는 살벌한 직장에서 생존할 수가 없지요. 그러니까 지금부터 시작해서 1만 시간이 되어도 일이 신나지 않으면 그때 떠나도 늦지 않아요."

강사는 아주 단호한 어조로 힘주어 말했다.

'1만 시간이면 하루 8시간, 1년에 2천 시간 정도. 그러면 5년씩이나!'

현우는 짧은 순간 머릿속으로 계산을 했다.

"여러분이 무슨 신데렐라입니까? 6시 땡하면 사라지게. 직장 생활을 그렇게 대충 시간만 때워서는 성장할 수가 없지요. 직장이란 원래 배움과 일이 공존하는 조직이에요. 일에만 소모되지 말고 영리하게 배우세요. 그러면 5년 후에 진짜 직장인으로 다시 태어날 수 있을 거예요. 남의 보석만 부러워하지 말고 내 스스로 다이아몬드가 되어보세요."

강사는 돌려 말하지 않고 문제를 직설화법으로 공략해 나갔다. 한편으로는 조금 건방진 구석도 없지 않았지만 바른 말을 하니 속이 다 후련했다.

"지금, 내 마음이 바쁜 것인가, 아니면 세상이 바쁜 것인가? 내 마음이 쉬면 세상도 쉬고, 내 마음이 행복하면, 세상도 행복해지지요. 마음 따로 세상 따로 존재하는 것이 아니에요. 세상 탓하기 전에 내 마음의 렌즈를 먼저 아름답게 닦읍시다"라고 하면서 강사는 강의를 마쳤다. 모두들 공감하는 듯 차분히 박수를 쳤다. 현우는 모처럼 시원한 강의를 들어 기분이 좋았다. 집으로 향하는 길은 조금 늦은 시간이라 배는 고팠지만 그래도 마음만은 든든했다.

○

행복의 핵심은 첫째로 타고난 기질이 중요하다. 둘째로 풍부한 인간관계, 그리고 셋째로 자유감이다. 이 중에서도 두 번째, 인간관계가 절실하게 필요한 곳이 바로 직장이다. 직장 생활에서 가장 힘든 일은 인간관계에서 외톨이가 되는 것이다. 조직에서 외톨이가 되는 '왕따'는 비단 학교에만 존재하는 것이 아니다. 어찌 보면 왕따는 사회에서 더 심하게 발생할 수도 있다.

나를 좋아하는 사람이 30%,
나를 싫어하는 사람이 30%,
무관심한 사람이 40%

유치원과 학교에서 공동체 생활이 시작되면 소심하고 수줍은 아이들은 다른 친구들과 잘 어울리지 못할 위험이 있고, 대장과 패거리 아이들에게 따돌림을 당하는 고통을 겪기도 한다. 군대를 갔다 온 사람이라면 전쟁이나 병영 생활보다 '고문관', 요즘 말로는 '구멍

병사'로 따돌림 당하는 것이 가장 힘들게 한다는 것을 알 것이다. 마찬가지로 직장에서 왕따가 되면 직장 생활을 계속하기가 힘들다.

직장 내 인간관계에서 본 직장인의 서러운 순간 1위는 '기분 안 좋은 상사가 이것저것 트집 잡을 때'(42.7%)라는 조사 결과가 나왔다. 비단 상사뿐 아니라 어느 조직이든 나에게 우호적인 사람과 비우호적인 사람은 반드시 있기 마련이다. 보통 직장에는 나를 좋아하는 사람이 30%, 싫어하는 사람이 30%, 그리고 무관심한 사람이 40% 정도 된다고 한다.

그러므로 사회생활을 하면서 모두에게 잘 보일 필요는 없다. 다시 말해, 싫어하는 사람에게까지 억지로 잘 보이려고 노력할 필요는 없다는 의미이다. 그보다는 차라리 자신에게 무관심한 사람들에게 자기 개성을 어필하고 관심을 끄는 편이 훨씬 낫다. 그래서 주변에서 무관심한 사람을 찾아 아군으로 만드는 것이 직장 내 인간관계에서 더 좋은 작용을 한다.

왕따, '공공의 희생양'은 되지 마라

직장 내 인간관계에 있어 무엇보다도 유념해야 할 것이 있다. '공공(公共)의 적(敵)'보다 '공공의 희생양'이 되지 말아야 한다는 점이다. 적은 때에 따라 친구로 바뀔 수도 있다. 하지만 희생양은 영원한 왕따가 되고 만다. 그렇기 때문에 무슨 일이 있어도 절대 '열외'가 되도록 해서는 안 된다.

같은 부서의 사람들은 동료인 것 같지만 사실은 경쟁자일 뿐이다. 때문에 자기 부서 내에서는 '미운 털이 박히지 않을 정도'로 관계를 형성해두는 것으로 족하다. 그러나 회사 전체의 직원들 사이에서는 '괜찮은 사람'이라는 인식을 반드시 심어주어야 한다. 이를 염두에 두고 항상 눈앞의 이익만 보지 말고 멀리 보고 넓게 보아야 한다. 가령 퇴근 시간이 좀 늦어지더라도 남의 일을 잘 도와주거나, 언제 어디서나 헌신적인 자세를 유지하는 것이 좋다.

비교는 기쁨을 훔쳐가는 도둑

사회생활을 하면서 우리는 남과 비교하지 않고 살기란 힘들다. 그런데 '비교는 기쁨을 훔쳐가는 도둑이다'라는 말이 있듯이 주변 사람과 자신을 비교하면 쉽게 불행해진다. 그래도 타인과의 비교를 무시하기가 불가능하다면 '타인의 불행으로부터 기쁨을 얻기'보다는 '타인의 성취에서 기쁨을 얻어'보려고 생각과 태도를 바꿔보자.

직장에서의 우정이 사람을 행복하게 한다

　서양에서는 다른 것에 구애받을 필요 없이 이성적으로 행동하면
된다. 법과 규범에 맞게 처신하면 살아가는 데 큰 문제는 없다. 하지
만 동양에서는 상대적으로 감성적인 것이 더 큰 영향력을 행세한다.
바로 '관계'이다. 특히 중국에서는 모든 것이 '꽌시(關係: 관계)'로 해
결된다.

　특히 직장에서의 인간관계는 매우 중요한 요소임에 틀림없다. 직
장과 소속 단체에서의 신뢰와 우정이 사람들을 행복하게 한다. 우리
는 종종 직장 생활 때문에 불행하다고 생각하지만, 그 속에서 자신
도 모르게 수많은 행복을 느끼며 살고 있는 것 또한 사실이다. 그렇
기 때문에 우리는 하루하루 조직 속에서 '우리'를 확인하기 위해 열
심히 살아가야 하며, '우리'를 확인하기 위해 얼마나 많은 희생을 하
는지 알아야 한다.

03

먼저 주는 능력,
행복의 특효약

"정영희 씨. 이것 받아요."

백 상무를 만나러 사무실로 들어가기 전에 현우는 항상 여비서인 정영희에게 예쁜 인형을 건넨다.

"아이, 예뻐라. 매번 좋은 선물 주셔서 고맙습니다."

여비서는 반색을 한다. 그리고 곧바로 백 상무에게 하 부장이 왔음을 알렸다.

영업 직책으로 고객을 상대하고 관리해야 하는 현우는 해외 출장을 갈 때마다 선물을 많이 사 온다. 현지 공항에서는 토산품, 열쇠고리 등 주로 액세서리를 사고 비행기 안에서는 볼펜과 여자 화장품을 산다. 액세서리와 화장품은 대부분 고객사의 여직원에게 주는 것이다. 선물의 효과는 여러 방면에서 나타난다. 그중 가장 효과가 있다고 느낄 때는 선약을 미루고 현우와의 미팅을 우선으로 배정해 줄 때이다.

"골프 용품 하나 가져왔습니다."

백 상무의 사무실에 들어서자 현우는 가방에서 준비한 선물을 꺼냈다.

"아니, 뭘 이런 것을……."

백 상무는 미소를 띠며 선물을 감상했다.

"제 것 사면서 하나 더 구입했지요"라고 말하면서 현우는 다시 가방에서 서류 한 뭉치를 꺼냈다.

"이건 지난번 말씀하신 자료입니다."

현우는 신문과 잡지 그리고 전문 서적을 읽으면서 고객에게 유용할 것 같은 정보를 깔끔하게 정리해 둔다. 그리고 재차 방문할 때 그것을 전달한다. 입으로만 정보를 전해주는 것이 아니라 찾은 자료들을 함께 전달해주면 실제로 상당히 고마워한다. 예상 외로 우리가 정말로 필요로 하는 것은 대부분 아주 싼 값에 구할 수 있거나 공짜인 경우가 많다.

뿐만 아니라 현우의 지갑에는 항상 문화상품권이 열 장씩 들어 있다. 고객과 만났을 때 만일 고객이 책이나 문화 행사에 관심을 보이면 즉석에서 문화상품권을 건네 자연스러운 친밀감을 표한다.

고객과 교제를 하는 데 있어 고상한 취미를 즐길 줄 아는 게 유리하다는 것은 만고의 진리이다. 현우는 항상 고객이 관심을 가지는 분야나 물건에 대해 메모를 해 둔다. 그리고 다음 만날 때 해당 분야의 책이나 물건을 선물하기도 한다. 가격의 높고 낮음과 상관없이 고객은 크게 감동한다. '상대가 나를 이렇게 생각하고 있구나' 하는 생각이 들면서 고객은 현우를 각별히 대한다.

이런 관계들이 반복되면 고객은 더 이상 현우를 만나는 것이 시간 낭비가 아니라 중요한 정보 제공자를 만나는 것으로 각인하게 된다. 그래서 어느 때이고 현우와의 만남을 대환영하게 된다.

○

관계를 돈독히 하는 간접적인 수단들

세상을 살면서 반드시 잘 처리해야 할 세 가지가 있다. 첫째는 사람과 자연의 관계이고, 둘째는 가족을 포함한 사람과 사람의 관계이며, 셋째는 마음속에 있는 이성과 감정의 대립과 균형 사이의 관계이다.

그중 두 번째인 '타인과의 관계'를 돈독히 하는 수단은 다양하다. 그런데 이때 비단 만남뿐 아니라 편지나 이메일 등을 통한 간접적인 만남도 매우 중요하다. 마음을 담은 편지나 이메일이 사람의 마음을 움직인다. 편지나 이메일을 쓸 때는 상대방의 사정에 맞게 쓰고, 도움이 되는 정보를 반드시 주어야 한다. 그럼으로써 상대가 다음 편지를 기다리게 만들어야 한다.

보다 적극적인 방법으로 선물을 하는 방법이 있다. 과하게 표현되면 문제가 되지만 선물은 사실 고마움을 표시하는 기본 예절이다. 선물을 줄 때에는 신중해야 한다. 미처 가까워지지 않은 상태에서 부담스러운 선물을 주면 자칫 오해를 불러일으킬 수가 있다. 그리고 선물에는 반드시 성의가 들어가야 한다. 선물의 효과를 극대화하기 위해서는 선물을 받는 당사자가 쉽게 사기 힘든 물건을 선택하는 것이 좋다. 또 비단 물건이 아니더라도 상대가 필요한 것, 즉 예를 들면 '정보'를 주는 것이 좋다. 그리고 가급적이면 주변 사람, 비서나 아내 등을 공략해 일석이조(一石二鳥)의 효과를 노리는 것이 좋다.

먼저 주는 능력, 행복의 특효약

인간이 약점을 갖게 되는 이유가 무엇일까? 그건 무슨 짓을 해서라도 다른 이들에게 인정받고 싶은 욕망 때문이다. 그렇기 때문에 상대에게 인정받기를 원한다면, 먼저 자신을 상대에게 맞출 줄 알아야 한다. 뭔가를 얻어내기를 원한다면 먼저 주어야 한다. 먼저 주면 반응이 오기 마련이다. 항상 받을 준비만 하지 말고 내가 먼저 손을 내미는 용기를 가져야 한다. 스스로 삶을 즐길 줄 아는 능력, 자기를 존중하면서 다른 사람들을 사랑하는 마음, 좋은 관계를 만들고 유지하는 힘이 행복의 특효약이다.

나를 좋아하게 만드는 7가지 방법 | 카네기

1. 다른 사람에게 진심으로 관심을 갖는다.
2. 미소를 짓는다.
3. 어떤 언어로 되어 있든 사람에게 자신의 이름은 이 세상에서 가장 감미롭고 중요하게 들린다는 사실을 명심한다.
4. 남의 말에 귀를 기울일 줄 아는 사람이 된다.
5. 사람들로 하여금 자신에 대해 이야기하도록 고무시킨다.
6. 상대방이 관심을 가진 측면에서 이야기한다.

04

왜 나는 마당발이
못 될까?

"영두야, 너 대학병원에 아는 사람 있다고 했지?"

현우는 고교 동창인 영두를 만나 점심 식사를 한 뒤 식당 근처 카페에서 영두에게 물었다.

"그래, 아는 사람 있지. 왜? 너 어디 아프냐?"

영두는 차를 마시다 말고 걱정스런 눈빛으로 쳐다봤다.

"내가 아니고. 너도 알지 않아? 아버지가 편찮으신데 요즘 상태가 안 좋으셔. 아무래도 큰 대학병원에 입원하셔야 될 것 같은데 병실이 없다고 하더라."

"아니, 아버님이 편찮으시다니 걱정이구나. 가만 있어봐."

영두는 스마트폰을 꺼내 전화번호를 찾았다. 그리고 저장된 전화번호를 하나 찾아 발신키를 눌렀다. 신호음이 떨어지자 상대편에서 응답을 했다.

"안녕하세요, ○○대학병원 내과 과장 김성은입니다."

"김 박사님, 안녕하세요? 저 김영두입니다. 지난번 세미나는 잘 하셨는지요? 그날 선약이 있어 찾아뵙지 못해 죄송합니다."

영두는 한참 동안 안부와 이런 저런 이야기로 너스레를 떨고 나서 본론을 꺼냈다.

"참! 박사님, 어려운 부탁 하나 해도 될까요? 병원에 입원실 하나 구해 주실 수 있으신지요?"

"왜? 자네 어디 아픈가?"

"제가 아니고 친구가 갑자기 아파서 입원할 일이 생겨서요."

"그래, 난 또 자네가 아픈 줄 알고 덜컥했네 그려. 내가 원무과에 이야기 해놓을 테니 아무 때나 오라고."

영두는 현우에게 눈을 찡긋하며 엄지를 세웠다. 현우가 며칠을 두고 고민한 일이 간단히 전화 한 통으로 해결되었다. 현우는 항상 이런 영두가 내심 부러웠다. 그래서 현우는 어려운 일이 생기면 제일 먼저 영두를 찾아 상담을 한다. 오늘도 영두와 점심을 하고 차를 마시며 어렵게 입을 뗀 것이다. 어지간한 일들은 영두에게 부탁하면 간단히 해결되기 때문이다. 영두의 인맥은 가히 수퍼스타 수준이다. 우리 생활에 꼭 필요하다는 의사, 변호사는 물론이고 검사, 심지어는 조직 폭력배들까지

도 연결이 된다. 이런 영두의 화려한 인맥을 보고 있으면 현우는 자괴
감에 빠진다.

'왜 나는 영두처럼 마당발이 되지 못하는 걸까? 같은 학교를 나와 같
은 직장에 다니고 있는데 왜 나는 영두처럼 되지 못했을까?'

○

활력 있는 직장 생활을 위해 가장 필요한 것을 묻는 인터넷 설문
조사에서 인간관계(34.4%)가 가장 높았다. 그리고 건강(21.5%), 업무
만족(19.9%), 여유로운 마음(14.7%) 순으로 나타났다. 그런데 또한 직
장인들의 70% 이상이 스트레스를 가장 많이 받는 요인으로 인간관
계를 꼽았다. 인간관계로 가장 스트레스를 많이 받는다고 했다. 이
처럼 인간관계는 직장인들에게 있어 떼어낼 수 없는 불가결의 요소
이다. 참고로 직장인의 인맥 범위는 남성이 66명, 여성이 44명으로
평균 57명으로 조사되었다.

보통 인맥이라고 하면 단순히 '고향이 같은 사람', '같은 학교를 나
온 사람', '같은 종류의 일을 하는 사람'이라는 정도로 생각 하는 사
람들이 있다. 조금 더 나가면 '일을 소개해주는 사람', '자신과 관계
가 있는 사람', '인간이 성숙하면서 교제하는 사람', '도움을 주고받
는 사람' 정도로 이해하곤 한다. 그래도 대다수의 사람들은 공통적
으로 인맥을 '사회에서 한 자리를 차지하고 있는 사람들에게나 필요

한 처세술'이라고 공통적으로 생각한다.

영혼을 송두리째 뒤흔들어 놓은 사람

우리는 태어나면서부터 많은 관계를 맺으며 살아간다. 태어나면서 자연스레 혈연의 울타리 속에서 보호 받고, 좀 더 자라서는 지연이라는 공통분모를 가지며, 학교에 들어가게 되면 학연이라는 것을 얻게 된다. 군대에 다녀온 사람은 군대 인맥도 형성하게 되고 사회에 나와서는 사회의 인맥을 형성하며 살아간다.

가족, 일가 친족, 친구, 수첩 속에 적힌 사람, 이메일, 성탄카드 대상, 종교단체에서 만난 사람, 직장동료, 아는 의사, 이발사, 운동, 함께 여행한 사람들, 식당종업원, 상인, 은행원, 슈퍼마켓에서 만난 사람, 만나게 될지 모르는 사람, 집 수리 기술자, 모임 가입자, 파티에서 만난 사람 등 우리 주변의 모두가 인맥이다. 하지만 실제 유용한 인맥은 의외로 적다. 머릿속에 떠오르는 수의 절반 정도가 정확한 숫자라고 생각하면 될 것이다. 그저 '얼굴 정도 아는 사이'를 인연이라고 말한다면 '도움을 주고받을 수 있는 사이'를 인맥이라고 부를 수 있다.

무작정 만난 사람들 전부가 인맥이 되는 것은 아니다. '인맥의 넓이'란 '자신의 영혼을 송두리째 뒤흔들어 놓은 사람과 만나는 수'라고 생각하면 된다. 그래야 필요한 상황에서 계산 없이 선뜻 도움을 주지 않겠는가? 이런 인맥은 기다리면 저절로 생기는 것이 아니다. 인맥이란 작은 파문이 점점 크게 번지듯이 번진다.

30대에는 반드시 인맥을 형성하라

흔히들 20대는 기체의 시대, 30대는 액체의 시대, 40대는 고체의 시대라고 한다. 아무 형체도 없이 그저 꿈에 부푼 20대를 지나 30대에 들어서서는 무언가를 만들어낼 수 있는 시대가 된다. 40대에는 이미 굳어버려 새로운 관계를 형성하는 게 어렵다.

30대에 반드시 형성해 놓아야 할 것이 바로 인간관계다. 하루라도 빨리 시작하면 그만큼 인맥은 두터워지고 깊어진다. 인맥은 하루 아침에 이루어지는 것이 아니다. 인간관계는 노력과 시간의 집적이며, 무엇보다도 신용의 집적이라고 할 수 있다.

두 가지 부지런함

인맥을 넓히는 두 가지 방식은 첫째 기존의 인간관계를 유지하는 일이고, 둘째는 스스로 개척 정신에 입각해 새로운 인간관계를 만드는 일이다. 이때 인간관계에 있어 그 시작은 근면이고 마무리는 관리이다.

인맥을 넓히는 데 가장 큰 덕목은 부지런함이다. 인맥은 부지런해야 생긴다. 그 부지런함의 첫째는 자기 자신을 계발하는 데 부지런한 것이다. 상대에게 호감을 주려면 자신이 스스로 매력이 있으며 호감 갈 만한 사람이 되어야 하는 것은 당연하다. 둘째는 타인에게 부지런히 연락하는 일이다. 단지 성격만 좋다고 마당발이 되는 것이 아니다. 상대를 배려하는 마음과 의리, 그리고 노력이 있어야 많은 사람 사이에서 인정받고 사랑 받는 마당발이 될 수 있다.

일기일회(一機一會)라는 말이 있다. 어리석은 사람은 인연을 만나도 모르고, 보통 사람은 인연을 알고도 살리지 못하고, 현명한 사람은 소매만 스쳐도 인연을 살려낸다. '약자는 기회를 기다리지만, 강자는 기회를 만든다'라고 프랜시스 베이컨은 말했다.

특별한 기회가 당신의 눈앞에 나타나기만을 기다리지 말고 모든 평범한 기회를 움켜잡아 당신의 손안에서 특별하게 바뀌게 해야 한다. 대부분의 소극적인 사람들이 인맥을 만들지 못하는 이유를 자기 성격 탓이라고 생각한다. 그러나 성격보다는 자신의 의지 문제다.

인맥 형성의 나쁜 예

　새로운 인맥을 구축할 때 가장 나쁜 방법은 자기에게만 도움이 되는 쪽으로 접근하는 것이다. 인맥을 구축할 때 유의해야 할 점은 항상 상대에 대해 먼저 파악하고 생각해야 한다는 점이다.

　처음에는 재미있는 이야기 또는 도움이 되는 이야기로 시작한다. 가장 좋은 방법은 상대가 필요로 하거나 상대방이 얻기 어려운 정보를 제공하는 것이다. 사람들이 기대하는 것보다 더 많은 것을 주면, 당신이 기대한 것보다 더 많은 것을 받게 된다.

　다이아몬드는 여러 번 깎을수록 더욱 광채가 나고, 사람은 자기를 버릴수록 빛나 주변에 많은 사람이 모이게 된다. 김밥은 매끈하게 썰어진 몸뚱이 것보다 맨 끝 자투리가 푸짐하고 맛있다. 사람도 마찬가지로 너무 완벽하고 매끈하면 인간미가 덜하고, 어딘가 허술한 구석도 있고 솔직한 사람이 더 인간적이고 매력 있다.

너무 가깝지도 너무 멀지도 않은

　그런데 인간관계는 너무 가깝지도, 너무 멀지도 않게, 마치 난로를 대하듯이 해야 한다. 고슴도치처럼 서로의 가시에 찔리지 않고 함께 할 수 있도록, 멀리도 가까이도 아닌 적당한 거리를 유지하는 것이 중요하다. 그러기 위해서는 적당한 빈도로 연락(contact)을 유지해야 한다. 인맥관리에 철저한 사람들은 사무실에 출근해서 처음 하는 일이 전화를 거는 일이다. 전화를 하는 일도 치밀한 인맥관리 계획에 의해 행해지고 있다.

인맥관리는 아무나 할 수 있는 일이 아니다. 철저한 계획과 노력이 수반된다. 상대방이 어느 시간이 한가한지, 취미나 관심 사항이 무언지 미리 알아내 적절한 시간에 전화하거나, 수첩에 전화를 한 날짜를 표시하고 간단한 내용을 기록해 두는 노력이 수반된다.

일반적인 관계와 비즈니스 관계

손쉽게 일반적인 관계를 구축하는 방법은 첫째, 한 번 만난 상대라도 이름과 직책을 외워 둔다. 그리고 일주일 안에 연락한다. 잊어버리지 않을 정도의 적당한 시간 내에 다시 연락을 하면 상대에 대한 호감을 표현하면서 신뢰감 있는 인상을 남길 수 있다. 둘째, 인맥을 만들고 싶은 상대는 반드시 점심 초대를 한다. 점심시간이야말로 짧은 만남을 통해 상대와 가까워질 수 있는 최고의 시간이기 때문이다. 셋째, 상대의 애경사에는 빠지지 않고 참석한다. 특히 조사에는 어떠한 일이 있어도 참석하도록 노력하는데, 슬픈 일이 있을 때 찾아와주는 사람은 더 각별한 사람으로 각인되기 때문이다.

일반적인 인맥 말고 보다 중요한 비즈니스 관계를 형성해야 할 때가 있다. 이때는 보다 철저한 준비가 필요하다. 상대의 근황과 취미 등 여러 정보를 사전에 파악해 놓아야 한다. 그리고 상대와 처음 대면하자마자 만남의 목적을 꺼내서는 안 된다. 시간을 두고 상대와 교제 시간을 늘려가야 한다. 또 상대의 보조원, 비서나 동료들과 친분 관계를 유지해 놓는 노력이 필요하다.

디지털 시대에 맞는 인맥 형성

인터넷은 이제 더 이상 새로운 사회현상이 아니다. 또 단순히 정보의 바다라고만도 볼 수 없다. 인터넷은 이미 강력한 여론 집단이자 새로운 유행이 만들어지는 곳이며, 엄청난 부가 생산되는 곳이다. 인터넷 안에도 사람이 있고, 사람과 사람 사이의 관계가 있다.

인터넷 동호회는 디지털 시대에 인간 사이의 관계를 만들어내는 새로운 생활공간이다. 물리적 커뮤니티에서는 지연, 혈연, 학연, 종교, 사상 등 전통과 계층이 중요시되는 자연 발생적 커뮤니티가 강조되는 반면, 인터넷 커뮤니티에서는 특수한 목적 중심의 목표 지향적 커뮤니티가 강조된다. 이때 중요한 것은 오프라인 모임이 동호회의 기반을 확실히 다져주는 토대가 되면서, 개인적 인맥 구축의 핵심이 된다는 점이다.

요즘은 누구나 이메일 주소를 한 두 개씩 가지고 있다. 그러므로 전화를 했더니 부재중이어서, 혹은 상대가 바쁜 것 같아서 소식을 전하지 못했다는 핑계는 통하지 않는다. 메일이 진지함과 정성으로 사람들 사이를 연결해 준다면 메신저는 친근함과 편리함으로 다가온다. 보다 소소한 이야기들도 대화하듯이 주고받을 수 있어서 이메일보다 감정 표현이 자유롭고 친근감을 형성하기 좋다.

이 외에 홈페이지나 블로그(Blog) 등을 이용해 인맥을 구축해나가는 사람들도 많다. 디지털 세계에서는 정보를 보내는 것이 곧 인맥으로 이어진다. 홈페이지나 블로그는 정보 발신의 의미가 있다. 유용한 정보를 교류하는 장이면서, 각자의 취미와 성향에 맞게 서로의 홈페이지를 방문함으로써 친밀감을 높일 수 있는 공간이 된다. 자기 브랜드로서 가장 기본적인 단계인 홈페이지나 블로그를 활용해 디지털 시대에 인맥을 형성하는 노력이 필요하다. 그러나 만일 홈페이지를 개설했다면 꾸준한 업데이트와 단장이 필요하고, 그러지 못할 바에야 만들지 않는 편이 낫다.

머리 좋은 사람이 기억하는 것보다
기록하는 것이 더 낫다

독일 심리학자 에빙하우스(Hermann Ebbinghaus)의 '망각 곡선'에 의하면, 최초 20분 이내에 기억한 것의 40%를 잊어버리고 4시간 후에는 66%, 그리고 48시간 후에는 75%가 기억에서 탈락한다고 한다. 아무리 천재라도 수많은 정보를 다 기억할 수는 없다. 기억력에 문제가 생기는 것은 뇌의 용량 때문이 아니라 기억 과정의 관리에 문제가 있기 때문이라고 마크 로젠와이그는 말했다.

천재불여둔필(千載不如鈍筆)이라는 말은 '머리 좋은 사람이 기억하는 것보다 기록하는 것이 더 낫다'는 뜻이다. 또 '녹슨 연필이 명석한 두뇌보다 낫다'라는 말도 있다.

누군가를 만나고 나서 종종 얼굴은 기억이 나는데 이름이 안 떠오르는 경우가 있다. 그래서 명함을 받을 때는 반드시 날짜, 장소, 연관된 사람, 그리고 간단한 인상착의를 적어 놓아야 한다. 새로운 사람과 만난 후에는 상대의 이름과 대화 내용을 1분에 걸쳐 고객관리 노트에 기록하고, 다시 만나러 갈 때는 1분에 걸쳐 그것을 다시 숙지한다. 그리고 방문해서는 적당한 간격으로 이들을 몇 번 불러 준다. 기억을 되살리는 것이다.

하지만 메모가 꽤 성가신 일이기 때문에 종종 메모를 소홀히 한다. 이런 문제를 해결하기 위해 메모할 때 나름대로 기호나 약어를 활용하면 쉽다. 예를 들면 전화를 걸 경우는 소문자 't', 반대로 걸려온 전화는 대문자 'T', 회의는 'M'으로, 방문은 'V'로 표시한다. 정보의 출처를 표시할 때 텔레비전은 '(T)', 신문은 '(N)', 이야기는 '(S)'로 표시하고, 시기에 대한 메모는 오늘 '(D)', 주간 일정은 '(W)', 월간 일정은 '(M)'으로 표시해 두면 기억하기가 쉽다.

이제 문맹, 컴맹, 인터넷맹이 삼맹이던 시대는 지나갔다. 신삼맹(新三盲), 즉 '기맹(記盲)', '타맹(打盲)', '감맹(感盲)'의 시대가 되었다. 디지털 시대에 정보기기를 잘 활용할 줄 아는 사람이야말로 바로 디지털 인맥의 챔피언이 될 수 있다. 메모든, 메신저든 하다못해 정기적인 안부 전화를 통해 상대를 기억하고 관계를 유지하는 것이 인맥관리의 첫 번째 노하우다.

대인관계 유지 10가지 방법 | 로버트 리

1. 사람들을 향해서 말하라. 명랑한 인사말보다 더 기분 좋은 것은 없다.

2. 사람들을 만나면 웃어라. 그러면 같이 웃을 것이다.

3. 사람들을 만나면 이름을 불러라. 그러면 더 친숙해질 것이다.

4. 친절하고 도움을 주는 사람이 되어라.

5. 성실한 사람이 되어라.

6. 진실로 사람에게 관심을 가지는 사람이 되어라. 노력한다면 거의 모든 사람들은 당신을 좋아할 것이다.

7. 다른 사람의 감정을 고려하라.

8. 서비스를 신속하게 하라. 남을 위해 사는 것만큼 중요한 것은 없다.

9. 칭찬을 아끼지 말며 관대한 사람이 되어라.

10. 이 모든 것에다 유머와 인내, 그리고 겸손을 더하라.

좋은 인간 관계 7가지 노하우 | 이시형

1. 친절하라.

2. 남의 고통에 귀를 기울여라.

3. 내게 도움을 준 사람을 생각하자.

4. 당신이 좋아하는 책을 선물하자.

5. 애정만으론 안 된다. 노력을!

6. 칭찬할 일을 찾아라.

7. 받기보다 베풀 일을 찾아라.

05

가장 친한 친구
다섯을 합치면?
바로 당신

'툭'

아프리카 오지 숲속에 어느 날 하늘에서 콜라병이 하나 떨어졌다. 병이 떨어진 곳은 가장 원시 형태로 생활하는 부시(bush) 족이 사는 곳이다. 문명 세계를 전혀 모르는 부시맨은 이 물건을 보고 고개를 갸우뚱했다.

"이게 뭐하는 물건인고? 그리고 어디에 쓰이는 물건인고?"

궁금해진 부시맨은 콜라병을 부족회의에 가져가 정체를 알아보았다. 그런데 족장도 이 물건이 무엇인지 몰랐다. 부족회의에 참석한 모든 이들에게 병을 돌려가며 물었지만 가장 원로조차도 도무지 그것이 무슨 물건인지 몰랐다. 그런데 맨 끝에 앉아 있던 젊은 부시맨이 말했다.

"이것은 미국 사람들이 마시는 물을 담았던 병이라는 것이야."

족장은 그 부시에게 지시했다.

"그렇다면 자네가 이 물건을 미국 추장에게 돌려주고 다시는 이 물건을 우리의 영토에 버리지 말라고 전해라."

족장의 지시를 받은 부시맨은 고민에 빠졌다. 아무리 족장의 지시지만 어떻게 미국과 접선하고, 그것도 미국의 대통령을 만나야 하는지 난감해졌다. 이 부시맨은 한때 미국 영화를 찍은 경험이 있었다. 그리고 미국에 다녀온 적도 여러 번 있었다. 그러나 지금 이곳에서는 그들과 연락할 수 있는 수단이 없었다. 부시맨은 일단 자기가 알고 있는 외국인 중 미국 사람을 찾아보았다. 그리고 한나절 동안을 걸어 문명 세계로 나와 그 당시 같이 일했던 할리우드 영화 제작사 사람에게 전화를 했다.

"안녕하십니까, 마이클? 오랜만입니다. 나, 부시맨이오."

"오, 부시맨. 그래, 그동안 한참이나 연락을 못했네. 어떻게 지내시나?"

"나야 부시맨이니까 아프리카 우리 부족 땅에서 지내고 있지."

"그런데 갑자기 웬일이오?"

"부탁이 하나 있어서."

연락을 받은 영화 제작자는 사정을 듣고는 한동안 난감했다. 갑자기 그것도 대통령을 부시맨과 만나게 할 방도를 찾기가 쉽지 않았다. 그래서 제작자는 제일 먼저 누구를 통해야만 대통령과 연락이 되는지를 알아보았다. 일단 백악관에 아는 사람이 있나 찾아보았다. 문화예술을 담당하는 대통령 보좌관과 연락이 닿았다. 전후 사정을 설명하고 대통령과 면담 일정을 마련해 달라고 부탁했다. 미국 대통령은 많은 현안으로 일정이 빠듯해 도무지 시간을 빼낼 수가 없다고 했다. 그런데 때마침 선거 유세가 있어 캘리포니아를 방문할 일정이 잡혀 있다고 했다. 그 시간을 일부 조정해 부시맨을 만날 수 있도록 했다. 대통령은 부시맨을 별로 만나고 싶지 않았지만 세계 여론을 활용한다는 차원에서 면담을 승낙했다. 아프리카 오지의 한 부시맨과 미국 대통령의 면담이 성사된 것이다. 대통령도 이 만남을 활용해 자기 선거 유세에 좋은 결과를 얻었다.

○

여섯 단위만큼 떨어진 사람들

'이 지구상의 모든 사람들은 단지 여섯 사람만큼 떨어져 있다고 어디선가 본 적이 있다. 우리와 이 행성에 사는 미국의 대통령, 베니스의 곤돌라 사공 등 모든 사람들은 새로운 문이며, 그 문은 다른 세계를 향해 열려 있다. 나와 이 지구상에 사는 모든 사람들 사이는 6개 단위만큼 떨어져 있다.' 존 궤어(John Guare)의 『six degrees of separation』에서 오위사(Ouisa)가 한 말이다. 다시 말해 이 지구상에 어느 누구도 여섯 단계를 거치면 다 만날 수 있다는 것이다.

이런 논리로 아프리카의 부시맨은 여섯 개의 고리를 통해 미국 대통령을 만날 수 있었다. 첫 번째 고리는 부시맨과 족장이고, 두 번째 고리는 부시맨 중 미국과 연관이 있는 사람, 세 번째 고리는 그와 미국 영화감독의 관계다. 다시 그 미국 감독은 영화계와 연관이 있는 백악관 홍보 수석과의 연결고리를 이용했으며, 최종 여섯 번째로 백악관의 고리를 활용해 부시 대통령과 연결을 맺을 수 있었던 것이다.

확실한 연결 버튼

국제적인 연결은 6개 고리가 필요하지만 국내에서는 2 내지 3개 고리면 누구나 만날 수 있다. 이런 고리를 활용해 능숙한 인간관계를 맺기 위해서는 사교의 인사말, 질문하는 테크닉, 정직함이 생명이다. 그리고 언제든지 연락할 수 있는 확실한 '연결(contact us)' 버튼을 만들어 두어야 한다. 통신과 교통의 발달로 세상 사람들이 더욱더 서로 연결되기(connected) 때문이다. 과거에 사람들은 훨씬 독립적이고 분리된 채 일했지만, 요즘은 많은 조직이 협업을 하고 팀으로 일한다. 서비스 산업의 폭발적 성장도 한몫했다. 그 분야 사람들은 손님과 고객에게 얼마나 혜택을 주고 잘 봉사하느냐가 생명이다. 여기에 소셜 미디어(social media)가 힘을 보태고 있다.

마무리의 실패는 곧 패배이다

미국 최고의 자동차 판매 왕 조 지라드(Joe Girad)는 '250 법칙'이라는 것을 만들었다. 사람들이 평생 알고 지내는 지인과 친구가 250명에 달한다는 사실을 발견한 것이다. 이 250명의 인맥을 이용하면 못할 것이 없다. 그런데 이 고리를 잘 유지하기 위해서는 만나는 인연도 중요하지만 그 뒷마무리도 소홀해서는 안 된다. 언제 어디서 그 고리가 필요할 줄 모르기 때문이다.

만날 때보다 헤어질 때 더 신경을 써야 하는 것이 인간관계이다. 첫인상도 중요하지만 필요한 것을 얻었다고 해서 대접이 소홀해진다면 누가 그 사람을 다시 만나고 싶어 하겠는가? 마무리의 실패는 곧 패배이다. 상대의 긴장을 풀고, 기대를 연출하는 만남의 앞 맛과, 개성을 승부수로 띄우는 가운데 맛, 그리고 차후 만남의 여운을 남기는 뒷맛은 인맥관리의 핵심이다.

신독과 겸허함

디지털 시대 크게 세 가지의 자본이 있다. 첫째는 '인적 자원(human capital)', 둘째는 '고객(customer)', 셋째는 '자본(structure capital)'이다. 그리고 자기 자신에 태한 투자로서 기본적인 세 가지는 '인맥을 만들기 위한 투자', '전문 지식을 습득하기 위한 투자', 그리고 '자신의 시야를 넓히기 위한 투자'이다. 그런데 이런 자원이나 투자보다 더 중요한 것이 바로 자기 통제이다.

원숙한 인간관계를 통해 온전한 인맥을 형성하기 위해서는 먼저 자기 자신을 잘 다스릴 수 있어야 한다. 그래서 무엇보다 자신의 이미지를 높이는 일에 신경 써야 한다. 좋은 인맥을 만들려면 상대방의 눈에 인간관계를 맺고 싶은 사람으로 비추어야 함은 물론이다. 그리고 그런 사람이 되려면 반드시 자기 안의 열정과 자제력이 균형을 이루도록 해야 한다. 인간관계에서 대성한 사람은 '격한 감정과 억제력'의 균형을 적절히 유지할 줄 안다. 보이지 않지만 이들의 성공 뒤에는 눈부신 마음의 준비가 있다.

자기 규율은 곧 스스로를 단속하는 것이다. 엄격한 자기 규율의 첫 번째 조건은 신독(愼獨: 자기 홀로 있을 때에도 도리에 어그러지는 일을 하지 않고 삼감)으로써 하루에 세 번 자신을 반성하는 것, 두 번째 조건은 겸허함으로써 다른 사람의 의견에 귀를 기울일 줄 아는 마음이다.

인간관계의 고수

개인의 건강한 삶을 유지하고 나아가 사회와 바람직한 통합을 이루려면 프라이버시를 지키면서 사람들과 교류의 끈을 놓지 않고, 고독을 즐기면서 사교성을 잃지 않는 것이 중요하다. 카네기재단 조사 결과를 보면, 성공하는 데 가장 중요한 요소로 전문성이 15%, 인간관계가 85%였다. 인간관계의 고수는 사람들 사이에 뒤엉킨 모순을 푸는 데 능했을 뿐만 아니라 인내심을 가지고 복잡 미묘한 사건을 대처해야만 한다.

매력 있는 사람에게는 시선이 끌리고 관심을 갖게 된다. 또한 매력적인 사람은 상대방에게 호감을 주고 가까이 하고 싶은 마음을 유발시킨다. 인맥을 삼고 싶어 하는 사람들의 공통점은 만나면 득이 되는 사람, 이야기를 나누다 보면 신이 나게 해주는 사람, 새로운 지식을 얻게 해주는 사람, 취미가 같은 사람, 유머가 풍부한 사람이다.

멋진 인맥을 만들고 싶으면 자신도 멋진 사람이 되도록 노력해야 한다. 자신을 갈고 닦아 인간다운 매력으로 남에게 인상을 남길 수 있는 사람이 되면, 자연히 사람이 모이고 인맥이 저절로 생기게 마련이다. 먼저 다른 사람을 이해하려고 노력한 다음 이해 받도록 해야 한다.

가장 친한 친구 다섯을 합치면?
바로 당신

　인맥이란 거대하고 끊어지기 쉬운 거미줄 같은 것이다. 그리고 우리가 할 일은 그 망의 일부를 복구하기 위해 끊어진 그물을 깁는 것이다. 자신을 중심으로 촘촘한 인간관계를 조직하고 넓혀 나감으로써 자기 브랜드를 최상의 상태로 관리하는 실력이 필요한 때이다. 즉 이제 연줄이 아니라 네트워크를 만들고 관리해야 한다.

　학연도 좋은 네트워크이다. 대학이 갖는 진정한 가치는 대학에서의 배움이라기보다 대학에서 만난 사람들과 더 큰 관계가 있다고 할 수 있다. 사업상 고객을 만들 때 동창의 부모가 그 주변인들을 소개해 줄 수 있다. 또 동창회가 잘 조직된 학교를 다니면 더 앞서 나갈 수 있다. 명문 대학이라면 인맥의 가치는 더 높을 것이다. 대학에서 얻게 되는 것은 도서관이나 교수들의 능력보다는 튼튼한 인맥이다. 개인의 취미생활 역시 인간관계가 뒷받침되어야 하는 것은 기본이다. 그래서 그 사람의 인맥을 보면 그 사람이 어떤 사람인지를 알 수 있다. 당신의 가장 친한 친구 다섯 명을 합치면, 바로 당신의 모습이 되는 것처럼.

정보를 주는 사람

다른 사람에게 호감을 주는 사람, 기억되는 사람이 되기 위해서는 사소한 정보일지라도 적절한 때에 상대방이 필요한 정보를 알려주는 센스를 갖춰야 한다. 그것이 아무리 자신에게 사소한 정보일지라도 상대방에게는 꼭 필요한 것일 수 있다. 따라서 신문이나 잡지 등을 꾸준히 읽어 필요한 정보들을 스크랩해 두는 것이 좋다. 그러다가 대화중에 상대방이 필요로 하는 정보가 있다면 매우 여유 있고 성실한 웃음을 지어 보이며 알려주어야 한다. 단, 그 정보는 정확한 것이어야 한다.

비즈니스를 하면서 제품 이야기만 할 수는 없다. 고객은 세일즈맨에게 다양한 정보를 구하기도 하고, 때로는 자신의 문제점을 이야기하고 조언을 얻고 싶어 한다. 이럴 때를 대비해 항상 여러 분야에 내공을 쌓아야 한다. 고객이 좋은 술집에 대해 물으면 길라잡이가 되어주어야 하고, 스포츠에 대해 이야기하면 만능 스포츠맨이 되어야 하며, 업무에 관한 이야기가 나오면 컨설턴트 수준이 되어야 한다.

자기 강화의 두 가지 방법, 독서와 교제

사회생활을 하면서 자신을 강하게 만드는 데에 두 가지 방법이 있다. 하나는 책을 많이 읽어서 지식과 능력을 높이는 것이다. 또 하나는 지식과 능력이 있는 친구를 많이 사귀는 것이다. 다시 말해 배움과 교제이다. 현명한 사람은 지식과 인맥을 적절히 쓸 줄 안다. 사람들을 좋아하고 그들이 자신을 좋아하게 하는 것이 성공하는 삶의 비결이다.

그래서 일상생활에서 실천해야 할 내용 첫 번째는 독서다. 두 번째는 사람을 만나는 일이다. 세 번째는 정보기기를 활용하는 일이다. 훌륭한 인맥을 쌓기 위해서는 단순한 방법으로 사람 사귀는 일에만 매달려서는 안 된다. 상대방과 인간관계를 유지할 수 있는 지식을 쌓아야 한다. 그 지식은 나를 업그레이드시키기도 하지만 상대를 만족시켜 주는 요인이 된다.

인맥은 하루아침에 이루어지지 않는다

우리는 상대에게 처음에는 '편리한 존재'였다가 나중에는 '없어서는 안 될 존재'가 되어야 한다. 함께 있으면 즐겁고 유익한 사람이 되어야 하고, 헤어질 때 다시 만나고 싶은 사람이 되어야 한다. '로

마는 하루아침에 이루어 지지 않는다'라는 명언대로 인맥관리 역시 하루아침에 되는 것이 아니다. 일할 때는 후퇴를 생각하지 마라, 하지만 대인 관계에서는 항상 나중을 생각해야 한다.

잠언(箴言)에 이런 말이 있다. '세상에서 가장 중요한 사람은 지금 만나고 있는 사람이고, 세상에서 가장 지혜로운 사람은 누구에게나 배우는 사람이며, 세상에서 가장 행복한 사람은 누군가를 사랑하고 있는 사람이다.'

인맥 만들기 | 나카지마 다카시(中島孝志)

1. 인맥은 정보에서 시작된다.
2. 다양한 모임에서 인맥 채널을 만들어라.
3. 회사의 가치관에 개인의 가치관을 맞추지 마라.
4. 인생을 100년 계획하면 앞길이 보인다.
5. 상대의 이익을 존중하고 나의 이익을 챙긴다.
6. 원하는 것은 간절한 만큼 이루어진다.
7. 인맥은 넓히는 것이 아니라 퍼져 나가는 것이다.
8. 모임에서 환영 받는 사람과 미움 받는 사람을 구분하라.
9. 때로는 대가 없이 남을 돕는다.
10. 인맥의 3대 요소(Headwork, Footwork, Network)를 잡아라.
11. 첫인상이 중요하다.
12. 기분 좋은 긴장을 주는 사람이 되어라.
13. 무엇보다 중요한 것은 자기만의 강렬한 매력을 갖춘 키맨(Key man)이 되는 것이다.

인맥 십계명

1. 항상 긍정적인 태도를 가져라.
2. 첫 번째로 접촉한 사람에게 당신에게 소개해 줄 사람이 없는지 물어 보라.
3. 모든 사람을 잠재적 교제 대상으로 생각하라.
4. 항상 감사의 쪽지나 이메일로 마무리하라.
5. 보조원(비서, 조수)를 공략하라.
6. 한 번 맺은 인맥을 영원히 지속되도록 하라.
7. 인연을 맺은 사람들을 이용하되 절대로 오용하거나 남용하지 마라.
8. 상대가 당신에게 한 말을 허위로 진술하지 마라.
9. 도움을 필요로 하는 다른 사람들을 도와라.
10. 체계적으로 관리하라. 인맥 명단에 올린 사람들에 대한 정보를 항상 업데이트시켜라.

06

상대적
행복의 추구

모처럼 사무실에서 한가한 시간이 생겼다. 현우는 스마트폰으로 카카오톡에 접속했다. 때마침 솔휘가 들어와 있었다.

젊빠: 뭐하냐? 아빠다

솔쨩: 어-. 아빠가 카톡을, 독수리 타법으로, ㅋㅋ

'젊빠'는 젊은 오빠의 준말로 현우의 아이디이고, '솔쨩'은 솔휘의 아이디이다.

젊빠: 이놈 봐라, 아빠를 놀르르려

현우는 마음은 급하고 손가락은 따라주지 않아 오타를 계속 냈다.

솔쨩: 그 실력으로는 우리랑 대화 못해요.

번개같이 답장이 온다.

젊빠: 그래, 지금 머하냐?

또 오타다. 끝나기가 무섭게 답이 왔다.

솔쨩: 학원 가기 전에 한 게임하고 있어요. 잠깐만요.

아마 다른 한편에서 하고 있는 게임에 심각한 상황이 생긴 모양이다. 잠시 후 다시 답신이 왔다.

솔쨩: 왠일이세요

젊빠: 아니, 그냥 해봤어. 이따 아이스크림 사다 줄까?

솔쨩: 캡이죠, 아시죠, 골라 먹는 재미, 베스킨……

비록 짧은 대화지만 현우는 왠지 기분이 좋았다. 대화 내용은 중요치 않다. 소통 그 자체가 뿌듯했다. '우리 서로 통-했느니라.'

◉

솔휘는 서로 다른 두 개의 세계에서 살고 있다. 하나는 집안의 세계요, 다른 하나는 집밖의 세계이다. 집을 나서면 솔휘는 집에서보다 훨씬 더 자신을 인정해주는 세상을 발견한다. 집에서는 부모의 보호 아래 있는 어린아이에 불과하지만 밖에 나가면 어엿한 한 인격체가 된다. 이러한 현실 세계 외에 또 다른 세계가 존재한다. 바로 사이버 세계다. 솔휘에게 인터넷은 바로 생활 그 자체이고, 스마트폰은 또 하나의 분신이다.

오늘날 아이들은 '자유 접속' 세대이다. 인터넷을 통해 가상의 세계에 들어가 마음껏 자기의 끼를 살린다. 핸드폰은 이미 통신 기기가 아니라 분신이 되어버렸다. 시도 때도 없이 그리고 특별한 용무도 없으면서도 문자를 보내고 통화를 하면서 스스로의 존재감을 느낀다. 핸드폰이 손에서 멀어지면 불안감을 느낄 정도로 이들은 핸드폰 증후군 세대이다. 이는 기존의 아날로그 세대와는 다르다. 이 다름을 인정해야만 상호간에 소통이 가능하다.

세대 차이, 남녀 차이

인간은 사교적인 동물이다. 자발적인 고립은 극히 드문 경우이고, 타인에 의해 강요된 격리와 배제는 대부분의 사람들에게 공포나 다름없다. 부모와 자식 간에는 세대 차이라는 벽이 존재해 서로 격리된 다른 세계에 살고 있다. 하지만 이 벽은 우리 앞에 놓인 커다란 장애물이면서도 눕히면 다리가 되고 뚫으면 문도 될 수 있다. 생각을 바꾸면 길이 보인다고 한다. 그러기 위해 먼저 다름을 인정하는 과정이 필요하다. 서로의 가치관, 생활 방식을 존중하고 서로의 사생활을 지나치게 간섭하지 않는 것이 중요하다.

비단 세대 차이만이 아니다. 같은 부모에서 태어난 형제·자매들도 똑같지 않다. 각자 다른 개성이 있다. 외모도 다르지만 성격도 다르다. 특히 남자와 여자는 그 생리적 구조와 생김새, 그리고 성향이 전혀 다르다. 2021년 통계청이 발표한 인구 분포에 따르면 이제 우리나라의 남·녀 비율은 정확히 50.3 : 49.7이다. 그에 따라 자연히 여성의 사회 진출과 영향력이 커졌다. 비단 연애하고 결혼해 가정생활을 하기 위해서가 아니라 남녀 모두 사회생활을 하는 데 있어 남자는 여자를, 여자는 남자에 대해 이해할 필요가 있다.

예를 들어 존 그레이의 『화성에서 온 남자, 금성에서 온 여자』에서 남자는 사냥을 중심으로 생존해왔기 때문에 외향적 성향이 강하고, 여자는 종족 번식을 위해 보호 능력이 강하다고 한다. 그래서 남자는 지도 보는 법에 익숙해 길을 잃어도 절대 남에게 묻지 않고 혼자 힘으로 찾으려고 하는 반면 여자는 지도 보는 법을 아예 모른다고 한다. 서로간의 차이에서 발생하는 일이다. 또 대체로 남자는 사소한 일에 행복을 느끼며 즐거워하며, 여자는 절대로 사소하지 않는 일을 뇌에 행복한 순간으로 입력한다고도 했다. 이런 서로의 차이를 이해해야 대화가 가능하다.

동양과 서양의 문화 차이

현대는 글로벌 시대이다. 세계는 각양각색의 나라와 인종으로 구성되어 있다. 우리의 젊은 세대가 해외로 나가서 직장을 구할 수도 있고, 외국인이 우리나라에 들어와 함께 일을 하기도 한다. 국내의 해외 근로자가 백만 명이 넘었다. 우리도 호주 등 외국으로 워킹 홀리데이(working holiday)를 떠나는 젊은 세대가 늘고 있다. 그래서 문화의 차이도 극복할 줄 알아야 한다.

하지만 동양과 서양은 거의 극과 극처럼 너무나 다른 점이 많다. 예전에는 서양에서 볼 때 동양이 미개하다고 생각해, 오리엔트(Orient)라고 불렀다. '다른 것'을 '미개한 것, 잘못된 것'으로 바라본 것이다. 동서양이 서로 다른 사례들은 수없이 많다. 이름을 표기할 때 동양은 성을 먼저 쓰고 이름을 나중에 쓰지만 서양에서는 이름을 먼저 쓰고 성을 나중에 쓴다. 주소를 쓸 때도 동양은 나라, 도시, 번지, 사람 이름의 순서로 쓰지만 서양에서는 사람 이름, 번지, 도시, 나라 순으로 쓴다. 동·서양은 이름과 주소 쓰는 법부터 다르다. 뿐만 아니다. 동양인들은 겉으로 드러나는 형태보다 그것을 이루고 있는 '본질'에 주목하고, 서양인들은 겉으로 보이는 생김새, 즉 '모양'에 주목한다. 개체성을 중시하는 서양에서는 집합을 강조하는 반면, 동질성을 중시하는 동양에서는 일체를 강조한다.

서양에서는 개인의 선택을 중요시한다. 서양 부모들은 자녀가 원하는 것을 스스로 발견하고 그것을 적극적으로 표현하고 요구하기를 바란다. 반대로 동양 엄마들은 아이를 위해 대신 선택해주는 일이 많다. 표현 방식에서도 차이가 많다. 커피를 더 마실지 물을 때 동양은 '더 마실래?'라고 동사로 말하고, 서양은 'more coffee?'라고 명사로 말한다. 심지어 사진을 찍는 성향도 다르다. 서양 사람은 사람이 꽉 차도록 인물 중심으로 찍는 경향이 있는데, 동양인은 넓은 구도로 인물과 배경을 함께 담는 사진을 찍는다.

서로 다름을 포용하는 융합

이러한 것들은 어느 한쪽이 옳고 그르다는 시시비비의 문제가 아니라 단지 문화적 차이를 드러내는 것들이다. 세대의 차이, 동서양 문화의 차이 등 다름을 포용할 때 다른 사람과의 관계가 원활해진다. 미국이 재채기하면 한국은 독감이 걸릴 정도로 이제 세계는 하나가 되고 있다. 물론 우리 것은 잘 보존하고 계승해야 하지만, 남의 것은 잘 소화해 받아들여야 한다.

현대 사회에서 성공하기 위해 필요한 것은 오직 당신만의 글로벌 시대에 맞는 지침서를 써내려가는 것이다. 글로벌 시대의 특징은 융합이다. 키이스 호가트 영국 킹스 칼리지(King's college) 부총장은 이 시대에는 인문학자처럼 글을 쓰고 과학자처럼 분석해야 융합 시대의 리더가 될 수 있다고 했다. 동도서기(東道西器), 즉 '동양의 정신 위에 서양의 기술을 덧댄다'는 뜻으로 이는 한국형 융합이다.

상대적 행복의 추구

절대적 행복을 추구하는 사람은 다른 사람이나 여타 상황에 상관없이 병원 신세 지지 않을 정도의 건강, 굶어 죽지 않을 정도의 경제적 여유, 함께하는 가족과 가끔씩 애기 나눌 친구만 있어도 충분히 행복할 수 있다. 하지만 상대적 행복을 추구하는 사람은 주위 상황에 따라 행복의 척도가 달라진다.

인간관계는 접촉과 관심이다. 그런데 첫째, 내가 상상하는 것만큼 사람들은 나에 대해 그렇게 관심이 없다는 사실을 인지해야 한다. 그리고 둘째, 이 세상 모든 사람이 나를 좋아해줄 필요가 없다는 것을 깨달아야 한다. 셋째, 남을 위한다면서 하는 거의 모든 행위들은 사실 나를 위해 하는 것이었다는 사실을 이해하자.

가치 있는 인생과 도전을 위해서는 준비 없이 혼자는 외롭다. 우리는 스스로를 격리하지 말아야 한다. 사람은 사람 속으로 들어가야 한다. 우리 속담에 '가까운 이웃이 먼 친척보다 낫다'는 말이 있다. 누군가 가까이에서 도움을 줄 사람이 필요하다는 의미이다. 혼자서 가고 싶은 곳으로 가는 것은 쉽지 않다. 원하는 길로 안내해 줄 사람들이 꼭 필요하다. 필요하지 않을 때 미리 친구를 사귀어 두어야 한다. 정작 필요할 때는 친구를 만들 수 없기 때문이다.

내가 약간 손해 보는 게
결국 비슷비슷한 것이다

우리의 가장 큰 스승은, 사람들과의 관계 속에서 얻은 배움이다. 깨달았다고 해도, 관계 속에 불편함이 남아 있다면 아직 그 깨달음은 완전한 것이 아니다. 사람들과의 관계에서, 그냥 내가 약간 손해 보면서 살겠다는 마음가짐으로 살아야 한다. 우리는 자신이 한 것은 잘 기억하지만 남들이 나에게 해준 것은 쉽게 잊기 때문에, 내가 약간 손해 보며 산다고 느끼는 것이 알고 보면 얼추 비슷하게 사는 것이다. 자기 자신을 내려놓고 소탈하게, 가끔은 망가질 수도 있어야 나와 사람들 사이의 벽이 와르르 무너져 가까워진다. 나를 낮추면 세상이 나를 높여주고, 나를 높이면 세상이 나를 낮춘다.

행복하고 건강하게 사는 것을 결정짓는 것은 지적 뛰어남이나 계급이 아니라 사회적 인간관계다. 인생에서 중요한 것은 바로 다른 사람들과의 관계에 있다. 새로운 사회적 관계를 만들어 관계와 유대 속에서 인생의 항해술을 배워야 한다. 내가 옳은 것이 중요한 것이 아니고 우리가 같이 행복한 것이 훨씬 더 중요하다.

인맥 향상을 위한 여덟 가지 법칙

1. 일주일에 한 번 새로운 사람을 만나라. 그러면 당신의 연줄이 해마다 50개씩 증가할 것이다.
2. 당신의 네트워크를 유지하기 위해 연락망 관리에 도움이 되는 소프트웨어를 사용하라.
3. 몇 개의 단체와 전문 협회를 선택해서 중요 이벤트에 참여하라. 매년 세 번에 걸쳐 회의에 참석하고 그중 한 번은 연설을 하라.
4. 비경쟁 분야에서 전문가의 추천을 받고 그들과 정보를 교환하라.
5. 동창회, 즉 고등학교·대학교 및 당신이 소속된 사회단체 등의 인맥을 사용하라.
6. 업종 발간물을 읽어라. 다른 사람들의 성공을 보도한 기사를 골라서 그들의 성공을 축하하는 자필 편지를 보내라.
7. 신문이나 업종 발행물에 기고를 하라. 그러면 사람들이 당신에게 전화할 것이다.
8. 당신의 회사 밖에서 조언자를 찾아라. 그리고 두세 달마다 한 번씩 만나라.

관계에 관한 명상

인간관계는 추운 겨울 우리에 갇혀 있는 호저(porcupine: 고슴도치)
와 비슷하다. 추우면 모여서 서로의 체온을 느끼고자 하지만 거리
가 너무 가까우면 서로의 가시에 찔려서 아프다. 그래서 그들은 항
상 가장 적절한 거리를 찾고자 노력한다. | **쇼펜하우어**

　중요한 것은 균형이다. 인간으로서 우리는 언제나 두 가지를 동시
에 필요로 한다. 하나는 다른 사람과의 교류이며, 또 하나는 나 자
신과의 관계이다. | **푀펠**

서로 다른 점을 각자의 타고난 개성으로 인정하지 않고 '틀린 점'으로 취급하는 순간, 상처가 자리 잡기 시작한다. 처음 만났을 때의 마음처럼 '다르다'를 '다르다'로 기쁘게 인정하자. 세월이 흘러 '다르다'가 '틀리다'로 느껴진다면 이전보다 두 배만 배려하는 마음을 갖자. | **최일도**

사람을 목적으로 대하라. 결코 수단으로 대해서는 안 된다. | **칸트**

만 명과의 관계는 쉬우나 한 명의 관계는 어렵다. | **조안 베즈**

남을 따라가지 마라. 그들을 자기 수준으로 끌어내려라.
그편이 저렴하다. | **쿠엔틴 크리스프**

직장에서 좋은 인간관계를 형성하고 타인에 대해 배워가며 우리의 좋은 본성을 드러내고자 노력한다면, 놀랄 만한 변화가 일어날 것이다. | **달라이 라마**

무슨 일을 하든 주위에 폐를 끼치기 마련이다. 이를 알고 자신의 욕망을 인내하는 것은 타인에 대한 배려를 한 것이다. 그리고 배려할 수 있는 사람은 미움을 받지 않는다. 결국 절제를 익힌 자가 행복을 얻게 된다. | **괴테**

경쟁자로부터 배우는 것이야말로 가장 소중한 교훈이다. | **알 카트만**

모든 비즈니스는 사람, 제품, 이익으로 압축된다. 이 중에서 사람이 가장 중요하다. | **아이오코카**

행복은 사이(관계)에서 온다. 나와 내 자신, 나와 너, 나와 우리, 나와 직장, 사회, 종교 등 모든 사이와 관계가 편하고 즐겁고 좋아야 행복하다. | **조나선 헤이트**

HEALTH

네 번째 공

건강

01

먹는 것이
그 사람이다

현우는 회사가 마련한 건강 강좌에 참석했다.

'나는 충분히 건강한데 무슨 건강 강좌에 참석하라고 하나?'

잠시 후, 강의가 시작되자 백발의 의사가 단상에 오르더니 대뜸 화이트보드에 '100,000,000'라고 썼다.

"여러분 이게 얼마입니까?"

참석자들은 장난치시나 하면서 피씩 웃으며 대답을 회피했다. 그러자 맨 앞줄에 앉아 있던 사장님이 "1억 원이요"라고 답했다.

"1억 원이라. 사장님에게는 1억이 아니라 1억 원으로 보이시나 보군요. 사장님은 모든 것을 돈으로 환산하시는군요" 하며 강사가 웃었다.

그러자 좌중의 폭소가 터져 나왔다.

"네, 그렇습니다. 그냥 1억이면 어떻고 1억 원이면 어떻습니까? 어쨌든 큰 숫자임에는 틀림없죠?"

다시 한 번 더 청중을 향해 물었다. 이번에는 "네"라고 합창이 나왔다.

강사는 다시 맨 뒤의 0에서부터 밑에 글씨를 써 넣기 시작했다.

'돈', '지위', '명예', '학벌', '친구', '배우자', '자녀', '성공' 등 우리가 살아가는 데 절실하게 필요한 것들이다. 그리고 맨 앞의 1 밑에는 '건강'이라고 썼다.

"자! 여러분 이 모든 것 중에 하나라도 없으면 살아가는 데 참으로 불편해질 것입니다. 하지만 이중 하나가 없어진다고 해서 모든 것이 없어지는 것이 아니라 다만 그 가치가 1/10로 줄어들 뿐입니다."

강사는 지우개를 들고 뒤에서부터 차례로 하나씩 0을 지워나갔다. 1억이 천만으로 다시 백만으로 줄어들었다.

"이렇게 없어져도 가치는 줄어들지만 그래도 숫자로서 그 값은 존재합니다."

이렇게 말하고 강사는 갑자기 앞으로 가서 1을 지웠다. 그랬더니 숫자가 0이 되어버렸다.

"하지만 건강이 없어지면 아무 것도 아닌 0이 되고 맙니다."

모두는 고개를 끄덕였다.

"다른 것들은 없어도 다소 불편할 뿐이지요. 그러나 건강이 없어지

190

면 모든 것이 아무 소용이 없어집니다. 그래서 건강이 가장 중요한 것이고, 그 건강을 있을 때 잘 관리해야 평생 동안 불편함이 없이 살아갈 수 있습니다. 그렇기 때문에 건강을 지키고 인생을 즐겁게 살 수 있는 법을 미리 익히고 연습해야만 합니다"라고 하면서 건강에 대한 강의를 시작했다.

"그런데 건강을 지키는 방법 어렵지 않—아요."

강사는 최근 유행하던 개그맨 흉내를 냈다. 다시 한 번 좌중들 사이에서 폭소가 터져 나왔고, 강의실의 딱딱한 분위기는 조금씩 좋아지기 시작했다.

"우리 사람은 음식 없이 40일, 물 없이 4일, 산소 없이 4분도 못 견딥니다."

한 끼만 걸러도 죽을 것 같은데 무려 40일을 버틸 수 있다니 모두들 신기해했다.

"여러분 히포크라테스를 아시지요?"

강사의 질문에 누군가가 "인생은 짧고, 예술은 길다"라고 답했다.

"예, 아주 잘 알고 계시는군요. 이 분이 물이 건강에 아주 중요하다고 강조하시며, 깨끗한 물을 마시라고 했지요. 그만큼 물이 우리 건강에 중요하다는 것이지요. 우리 몸의 70%는 물이고, 근육의 75%도 역시 물이고, 뇌세포의 85%도 역시 물이고, 혈액의 82%도 역시 물이지요. 이처럼 우리 몸의 대부분이 물인 셈이지요. 그런데 요즘 젊은 사람들은 물을 충분히 마시지 않지요."

이렇게 말을 하고는 강사가 연단에 준비된 물을 마셨다.

"흔히 하루에 2리터의 물, 약 여덟 잔의 물을 먹으라고 권장하지요. 그렇다고 한꺼번에 2리터 즉 큰 패트(PET)병 두 개를 마시면 수독증(水毒症)에 걸릴 확률이 아주 높지요. 그래서 틈틈이 마셔야 하는데 우리는 국물 문화가 발달되어 있어 상당량의 수분은 음식물로 섭취가 되기 때문에 그렇게 자주 마실 필요는 없지요. 그래도 물은 자주 많이 마시는 것이 건강에 좋지요."

이렇게 설명하고는 잠시 뜸을 들였다. 청중들은 대부분 메모를 하려고 준비를 했다. 현우도 스마트폰을 꺼내 메모할 준비를 했다.

"간단한 방법 하나 알려드리지요."

모두들 비법을 놓치지 않으려는 듯 귀를 쫑긋 세웠다.

"일하는 중간에 마시는 커피를 하루에 한 잔만 줄이고 그 대신에 물을 드세요."

뭐 대단한 비법인 줄 알았다가 별 거 아니라서 실망한 기색들이 역력했다.

"별거 아니죠. 그러게 제가 뭐라고 했습니까? '어렵지 않─아요'라고 했잖아요."

강의실에는 다시 한 번 웃음이 터져 나왔다.

"여러분의 기호품인 커피를 아주 끊으라는 의미는 아닙니다. 마시고 싶은 것은 마시고 살아야죠. 단지 마시던 커피 중 한 잔만이라도 물로 대체하라는 말이지요. 잘 생각해보세요. 하루에 커피 한 잔을 줄이고 대신 물을 마시면 건강만 좋아지는 것뿐만 아니라 돈도 벌 수 있어요. 커피 한 잔에 천 원만 계산해도 1년에 36만 원이 절약되고, 10년이면 360만 원, 30년이면 천만 원이 넘어요. 건강도 지키고 천만 원짜리 적금도 타는 거죠."

일리가 있는 말이다. 그리 어렵지 않으면서 건강과 돈을 절약하는, 문자 그대로 일석이조의 방법이다. 강사는 강의를 계속해 나갔다.

"예로부터 서양에 '젊음의 샘(Fountain of Youth)'이 있다면, 동양에는 장생(長生)의 불로초(不老草)가 있습니다. 진시황이 불로초를 찾으러 우리나라 방방곡곡을 뒤졌다는 이야기는 알고 계시지요? 젊음은 주어지지만 늙음은 이루어지는 것입니다."

강의를 듣고 있는 사람 대부분이 젊은 층이라 잘 모르고 있는 것 같았다. 의아한 듯 서로를 쳐다보았다. 강사는 그런 분위기에 개의치 않고 화이트보드에 또 다시 숫자를 썼다

'9988234'

"요즘 유행어인 9988234을 들어보셨어요?"

그러자 한 친구가 "구십구 세까지 팔팔하게 사는 것입니다"라고 용감하게 말했다.

"네, 맞습니다. 맞고요―."

이번에는 전직 대통령 흉내를 내 다시 한 번 청중의 웃음을 자아냈다.

"99세까지 건강하게 팔팔(88)하게 살다가 2일 아프고 3일째 죽는(4) 것이 최대 행복이라는 말이지요. 그저 오래 살기 위해서라기보다는 건강하게 살기 위해서 평소에 건강관리에 힘써야 합니다."

잠시 후 다시 말을 이었다.

"또 아주 쉬운 돈 버는 비결을 하나 더 가르쳐 드리지요."

하면서 다시 화이트보드에 글을 적었다.

'아침은 충분히, 점심은 적당히, 저녁은 적게'

"우리 말에 좋은 음식이 보약보다 낫다고 합니다. 그리고 의식동원(醫食同源)이라는 말이 있듯이 먹는 것이 바로 보약입니다. 그렇지만 많이 먹으면 혀가 즐겁고 적게 먹으면 인생이 즐겁지요. 약간 모자란 듯 먹으면 의사가 필요 없고, 배부르게 먹으면 당해낼 의사가 없지요."

이런 식으로 건강관리에 대해 여러 가지 방법을 알려주었다.

"오늘 제가 건강도 지키면서 돈 버는 비결을 너무 많이 가르쳐드린 것 같네요. 걱정은 적게, 행복은 많이 그리고 건강하게 사세요"라는 말로 강의를 끝냈다.

우레와 같은 박수를 받으며 강사는 강의장을 떠났다.

○

우리는 무엇이든 잃어버리고 나면 그때야 그것의 소중함을 깨닫게 된다. '돈을 잃는 것은 조금 잃는 것이고, 명예를 잃는 것은 많이 잃는 것이며, 건강을 잃는 것은 모두 잃는 것이다'라는 말대로 건강이 그 무엇보다도 중요하다. 그런데도 젊었을 때는 건강이 넘쳐나 흔한 말로 몸뚱이를 팔아서라도 돈을 벌었으면 한다. 실제로 그렇게 하는 사람도 꽤나 많다. 막노동을 하거나 심지어 혈액을 팔아서 생계를 유지하는 사람들도 있다. 하지만 돈도, 일도 다 좋지만 건강이 없으면 행복은커녕 모든 것이 무용지물이 되어버리고 만다.

건강한 상태

건강이란 '질병이 없거나 허약하지 않다는 것만을 말하는 것이 아니라 신체적·정신적·사회적으로 완전한 안녕 상태'를 의미한다고 세계보건기구(WHO)가 정의했다. 이에 더해 최근에는 '영적인' 차원의 의미도 건강에 포함되었다. 예전에는 단순히 '질병이 없는 상태'를 건강이라 했지만, 이제는 '신체적·정신적으로 최적의 상태'에 있을 때 건강하다고 말한다.

그리스 철학자 에피쿠로스(epicuros)는 행복을 방해하는 두 가지 유형의 고통을 들어 육체적 고통과 정신적 고통이라고 했다. 육체적 고통은 육체의 손상이나 배고픔, 목마름, 추위를 통해 나타나며 정신적 고통은 불안과 공포로 이루어진다. 의성(醫聖)으로 추앙 받는 히포크라테스는 '진정한 의사는 당신의 마음속에 있다'라고 했으며, 펠레티에 교수도 '건강의 핵심 요소는 마음가짐이다'라고 했다. 결국 건강은 신체적 건강에 더하여 언제나 젊고 활기차게 낙천적으로 살면서 행복을 느끼는 상태를 말한다.

동서양의 건강

예로부터 동양에서는 음식과 잠이 보약이라고 했다. 그래서 먹고 자고 옷 입는 것을 계절과 날씨에 맞추어 자연스럽게 하고, 밤에 자고 낮에 활동하며, 쓸데없는 욕심과 망상을 버리는 등 인간이 자연의 흐름과 궤를 같이 하기만 하면 건강은 저절로 유지된다고 말한다. 인간이 건강하지 못한 것은 이러한 자연스러움을 벗어나기 때문이라는 것이다. 그래서 동양 의학에서는 질병을 치료하기 위해서는 인간 본래의 자연스러움을 회복하는 것이 가장 먼저라고 강조한다.

반면에 서양에서는 수술 및 치료를 통해 훼손된 건강을 회복할 수 있게 하는 의료기술을 발달시켜왔다. 중세 유럽에서는 35세까지만 살 수 있어도 운이 좋았다고 생각할 정도로 건강하게 오래 살지 못했는데 오늘날에는 30대는 장수하는 데 잠시 쉬어가는 휴게소에 불과할 정도다.

먹는 것이 그 사람이다

코로 숨 쉬는 공기와 입으로 먹는 음식은 인간이 생존할 수 있는 필수 요소이다. 그래서 '먹는 것이 그 사람이다(We are what we eat)'라는 말이 있다. 즉 우리의 몸과 생각은 우리가 먹는 것에 의해 결정된다는 의미다. 음식은 그 사람의 체질과 인생에서 중요한 역할을 하게 된다.

하이테크로 무장한 도시에서도 사람들은 여전히 식사 시간에 가장 큰 행복을 느끼며, 먹고 마시는 것이 사람의 기분을 상당 부분 좌우한다. 예전에 우리나라 사람들이 즐겼던 누룽지나 숭늉 같은 음식은 이제 거의 사라지고 없다. 대신 지금은 삼겹살이나 커피 같은 음식이 유행이다. 그런데 이것들은 스타일이 바뀌었을 뿐 따지고 보면 모두 로스팅(roasting) 향기를 즐기는 음식이라는 공통점이 있다. 구운 것이 몸에는 좋지 않지만 향기에 취해 자주 먹게 된다. 삼겹살에 소주 한 잔의 유혹을 뿌리칠 사람은 아마도 거의 없을 것이다. 식습관은 전반적인 건강 상태에 중요한 영향을 미칠 뿐만 아니라 행복에도 직접적인 기여를 하는 것으로 알려져 있다.

식생활에 대한 위협적 정보

식생활의 안전 면에서 본다면 사실 지금만큼 안전한 시대도 없다. 하지만 요즘 소비자의 70~80%는 식생활에 불안을 느낀다고 한다. 식품 첨가물, 유전자 조작, 잔류 농약 등이 그 원인이다. 그러나 이러한 물질이 우리의 건강을 해칠 가능성은 아주 미미한 수준이다. 그런데도 사람들이 끊임없이 불안을 느끼는 것은 왜일까?

그것은 매스미디어의 영향 탓이다. 정보의 양과 통로가 방대해진 요즘 사회에서 식생활의 위험에 대한 빈번한 정보 노출은 사람들로 하여금 마치 모든 식품이 위험한 것처럼 여기게 한다. 하지만 이런 것들에 일일이 반응하는 사람보다는 아무거나 잘 먹는 배짱 좋은 사람, 그러면서 취미가 뚜렷해서 스트레스를 잘 관리하는 사람, 매사에 긍정적이고 희망을 찾는 사람이 질병에도 잘 안 걸리고, 병에 걸렸을 때 치료도 빠르다.

식생활에 대한 위협적 정보에 너무 연연하여 불안해하기보다는 차라리 편안하고 행복한 식생활을 유지하는 게 더 좋다. 너무 많이 먹는 과식(過食)에서 벗어나 포만감을 느끼는 포식(飽食)으로, 다시 절제해서 먹는 절식(節食)을 통해 소박한 소식(素食)을 이루어 나가는 것이 좋다.

수면과 생체리듬

음식 못지않게 중요한 것이 바로 수면이다. 우리는 너무 많은 일정을 소화하느라 매일 올빼미처럼 야행성 생활에 찌들어 있다. 야근과 술 접대로 제대로 된 잠을 잘 시간이 절대적으로 부족한 것은 사실이다.

인간에게 가장 좋은 수면 스케줄은 오후 9에서 10시 사이에 잠이 들고 아침 5시에서 6시 사이에 일어나는 것이다. 대부분의 사람들은 24시간 주기의 리듬(Circadian Rhythm)이 있는데, 이는 우리가 하루라고 부르는 24시간마다 한 번씩 일어나는 리듬이다. 이를 내부 생물 시계라 해서, 우리의 신체는 이에 따라 빛과 어둠에 민감해진다. 그리고 우리는 잠자는 동안 90분 정도 초일주기 리듬(ultradian rhythm:생물학적 리듬이 24시간보다 짧은 리듬)의 단계를 밟는다. 그리고 깨어 있는 동안에도 90분 혹은 120분마다 초일주기 리듬을 경험한다. 그래서 아침에 깨어나 한 시간 반이나 두 시간 동안은 활력이 넘치고 집중이 잘 되지만, 그 구간이 끝나면 20분간 피로와 무기력, 집중력 저하를 경험한다. 이것이 '초일주기 저하'이다.

한편으로는 바쁜 현대인들에게 제 시간에 자는 것조차 호사이거나 사치일 수도 있다. 그리고 대부분의 사람들이 적당량의 수면을 취하지 못한다. 그래서 사람들은 부족한 수면의 대안으로 틈틈이 낮잠을 잔다. 사라 메드닉은 '한 번 끄덕이며 조는 것이 하룻밤 잘 잔 것과 같다(A nap is as good as a night)'라는 말을 하기도 했다. 그렇다고 사무실에서 낮잠을 잘 수는 없는 일이고, 출퇴근 시간이나 이동 시간에 지하철 또는 좌석 버스에서 10여 분 정도 낮잠을 자는 것이 좋은 방법이다.

세로토닌의 행복

고통도 내 몸이 만든 착각이고, 쾌락도 내 몸이 만든 착각이다. 생존을 위해 우리 몸은 엔도르핀(endorphin)과 같은 쾌감의 회로를 만들었다. 생존과 번식을 위해 유리한 행동을 하면 이것을 생산해 쾌감으로 보상하는 것이다. 하지만 행복의 물질은 엔도르핀이 아니라 세로토닌(serotonin)이다. 연인들의 뜨거운 포옹을 하는 그 격정적인 순간은 엔도르핀이 주는 환희이지 행복은 아니다. 포옹이 끝나고 숨을 고른 후 햇볕 잘 드는 창가에서 두 손을 꼭 잡고 서로 마주보는 순간, 아련히 밀려오는 기분, 그게 세로토닌의 행복이다.

우리가 걱정한다고 해서 삶을 하루라도 더 연장할 수는 없으며, 인생이 더 나아지지 않는다. 오히려 그 시간에 '기뻐하고, 즐거워하고, 감사하고, 기도하고, 웃는다면' 인생이 더 나아지게 될 것이다.

최근 미국에서 178명의 수녀를 대상으로 조사한 결과, 평소 즐겁고 유쾌하게 지내면서 일기장에 '크나큰 기쁨', '참으로 행복하다'라는 표현을 자주 쓰는 낙관적인 수녀들은 90%가 85세까지 살았고 54%가 94세까지 살았다. 반면에 무미건조하게 지낸 수녀는 34%만 85세까지 살았고, 94세까지 산 사람은 11%였다.

현대인은 너무 바빠서 건강을 돌볼 사이도 없이 매일 전쟁을 치르듯이 살고 있다. 그러나 특히 현장을 뛰는 직장인에게 가장 중요한 재산은 바로 체력이다. 체력이 강해야 직장과 가정 두 마리의 토끼를 잡을 수 있다. 건강은 행복의 주된 요소일 뿐만 아니라 일을 잘 해내기 위해서도 꼭 필요하다.

건강십훈 | 율곡 이이

1. 소육다채(小肉多菜): 육식은 적게 하고 채소는 많이 먹는다.

2. 소식다작(小食多嚼): 식사를 적게 하고 잘 씹는다.

3. 소염다혜(小鹽多醯): 염분은 적게, 식초는 많이. 나물을 무칠 때 염분을 적게 쓰고도 먹을 수 있게 하려면 식초를 조금 가해 주면 염분은 적어도 간이 맞는다.

4. 소의다욕(小衣多浴): 옷은 얇게 입고 목욕을 자주 한다.

5. 소번다면(小煩多眠): 근심은 적게 하고 잠은 많이 잔다.

6. 소욕다시(少欲多施): 욕심을 적게 내고, 남에게 많이 베풀도록 한다.

7. 소당다과(少糖多果): 설탕은 적게 먹고 과일을 많이 먹는다.

8. 소차다보(少車多步): 되도록 차는 적게 타고 많이 걷는다.

9. 소언다행(少言多行): 말은 적게 하고 실행을 많이 한다.

10. 소분다소(少憤多笑): 성은 적게 내고 많이 웃는다.

02

건강하게 산다는 건
일관성 있게 산다는 것이다

새벽 5시30분.

'따르릉 따르릉' 자명종이 울린다. 다른 날과 달리 자명종 소리에 삼을 깼다. 이제 어느 정도 습관이 되어 자명종이 울리기 전에 일어나지만 간혹 만취한 상태이거나 늦게 잠자리에 들었을 경우에는 깜박할 수 있어 자명종을 맞춰 놓는다. 현우는 부스스 일어나 양치질을 하고 겨우 눈곱만 닦는 고양이 세수를 한 뒤 간단히 빵과 요구르트를 챙겨 집을 나선다.

아파트 문을 나서면 새벽을 여는 많은 사람들이 분주하게 움직이고 있다. 순찰을 도는 경비원, 새벽 운동을 나가는 아줌마, 간혹 신문배달

원, 우유배달을 하는 아저씨. 이들 모두가 적막 같은 새벽을 깨우는 사람들이다. 항상 같은 시간대에 같은 곳에서 만나기 때문에 정겹게 아침 인사를 건넨다.

"안녕하세요? 좋은 아침입니다."

"오늘은 조금 늦으셨네요."

"날씨가 제법 쌀쌀해졌지요?"

"그럼 수고하세요."

현우는 '부르릉' 하는 자동차 시동 소리로 새벽 적막을 깨고 아파트 주차장을 나와 수영장으로 향한다. 새벽 공기의 싱그러움을 만끽하며 하루를 시작하는 것이다. 집 근처에 있는 헬스클럽으로 향하는 자동차 안에서 라디오를 켜고 영어 회화를 듣는다.

"안녕하세요. 오 아무개의 영어 강좌입니다."

예전에는 운전할 때 주로 음악을 들었으나 요즘에는 자기계발에 조금이라도 보탬이 되기 위해 영어 회화 프로그램을 듣는다.

6시30분. 헬스클럽에 도착하면 많은 사람들이 일찍 나와 운동을 하고 있다. 아침 기온이 싸늘하지만 수영복으로 갈아입고 샤워를 한 다음 수영장으로 향한다. 맑은 물의 차가운 감촉은 조금 남아 있던 잠을 싹 쫓아내고 상쾌한 기분을 만들어낸다. 하지만 현대인은 너무나 바빠서 건강을 돌볼 사이도 없이 살고 있다. 현우는 하루도 거르지 않고 열심히 운동을 했다. 찬물 속으로 뛰어들어 덜 깬 잠을 깨고 난 후 약 40분간

1km를 논스톱으로 수영한다. 수영을 마친 후 뜨끈한 탕 속에 몸을 던져 뭉쳐진 근육을 푼다. 그때서야 몸의 모든 기능이 제대로 돌아온다.

아침 운동을 마치고 집에 도착해서 제일 먼저 약 20분에 걸쳐 조간신문을 훑어본다. 다양한 고객들을 상대해야 하는 현우는 일단 현대 직장인에 대한 다방면의 지식을 가지고 있어야 했다. 고객의 취향에 맞는 대화를 하기 위해서는 세상 돌아가는 이야기도 알아야 한다. 신문을 보면서 스크랩할 부분을 표시해 두었다가 나중에 오려 보관한다. 신문을 훑어보고 나서 바로 컴퓨터를 켜고 밤새 들어온 이메일과 인터넷을 통해 각종 정보를 찾아본다. 매일 고정적으로 하는 정보사냥 시간이다. 언젠가 다시 찾아올 기회를 위해 미리미리 준비해 두는 것이다. 몸도 마음도 그리고 정보도 앞으로 펼쳐질 현우의 미래를 위해 재충전하는 것이다.

○

자기 몸을 최고로 예우하는 게 자기를 정당하게 대우하는 것이다. 건강하게 산다는 것은 일관성 있게 산다는 것이다. 우리의 마음과 신체, 그리고 나아가 자연은 하나이다. 건강은 총체적인 존재이다. 생명을 가진 존재라면 규칙적인 운동을 해야 한다. 우리는 늘 성공을 위해 전력투구한다. 그러면 성공의 기본 3요소는 무엇일까? 건강한 신체와 건강한 정서 그리고 건강한 재정이다.

최근 캐나다 상대적 행복 지수의 순위는 1. 신체건강, 2. 정신건강, 3. 원만한 가족관계로 나타났다. 그리고 국내 조사에서도 행복을 위해 가장 최우선적으로 고려하는 대상으로 건강(59%), 가정생활(41%), 연인(35%), 취업(31%), 돈(25%), 환경(9%), 교육(7%) 순으로 조사되었다. 이처럼 건강은 성공과 행복에 필수불가결한 요소이다.

행복하기 위해 건강은 평소에 챙겨야 한다. 그리고 건강할 때부터 건강에 신경을 써야 한다. 건강한 몸과 마음을 위해서는 좋은 생활 습관을 길러야 한다.

첫째, 몸을 함부로 하지 말고, 둘째, 운동으로 나쁜 식습관을 고쳐야 한다. 셋째, 수명을 단축시키는 흡연과 나쁜 식습관을 버려야 하며, 넷째, 식사는 조금씩 여러 번 나눠 먹고 과식을 삼가하며 오랫동안 씹어 먹어야 한다. 다섯째는 잘 익은 과일과 신선한 채소는 많이 먹도록 하며, 여섯째로는 충분한 수면을 취해야 한다.

건강이 있는 곳에 자유가 있다. 건강은 모든 자유 중에서 으뜸가는 것이다. 건강한 몸과 자유로운 마음에서 열정과 도전 의식이 싹트기 때문이다. 이보 전진을 위한 일보 후퇴를 할 때, 새로운 재도약을 위한 몸과 마음을 모두 재충전해 놓아야 한다. 그리고 준비된 상태에서 주어진 기회가 오면 주저함 없이 움켜쥐어야 한다. 욕심은 적게, 웃음은 많이, 그리고 긴장을 풀고, 서두르지 않고, 느림을 즐기는 생활 방식으로 건강을 지켜나가야 한다.

03

이보 전진을 위한
일보 후퇴

"안녕하십니까? 백 상무님. 일찍 나오시네요."

헬스장 목욕탕에서 계열사인 오성금고 백숙현 상무를 만났다. 하현우 부장이 먼저 그를 알아보고 인사를 했다. 백 상무는 놀란 듯 잠시 머뭇거렸지만 뿌연 수증기가 걷히고 나자 하 부장을 알아보고 반갑게 인사를 했다.

"어이, 난 또 누구시라고. 오성전자의 하 부장님 아니시오. 여기 나오십니까?"

백 상무는 헬스클럽이 문을 연 이래 계속 다녔기 때문에 그곳에 다니는 어지간한 사람이면 거의 알고 있었는데 하 부장은 그동안 본 적이 없었다.

"예. 지난주부터 나왔습니다. 그런데 백 상무님은 여기 오래 다니신 모양이네요?"

"하 부장님도 잘 아시면서. 평일에는 고객과 씨름하느라 정신이 없어요. 이렇게 주말이라도 시간을 내서 운동을 안 하면 체력이 유지가 안 됩니다."

백 상무의 회사는 금융기관이라서 남대문로에 위치하고 있다.

"참 언제 시간 좀 내주세요. 점심이나 하시지요."

"가만 있어라…… 일정표를 봐야 하는데. 내일은 선약이 있고, 아마도 모레는 없는 것 같은데."

"그러면 모레 저하고 점심을 하시지요. 사무실에 가서 일정을 확인하시고 변경사항이 있으면 전화를 주시지요."

"예. 그럽시다."

그동안 시기적으로 연말이 가까운데다가 목표를 맞추느라 바쁜 관계로 현우는 매일 하던 아침 운동을 거의 못했다. 집 근처에 있는 YMCA 수영장에 5년 이상 열심히 다녔는데, 영업을 맡은 뒤로 한두 번씩 빠지게 되었고, 급기야는 등록을 못 해 회원 자격을 잃었다. 다시 등록을 하려고 하니 대기자가 무척 많아 6개월은 기다려야 한다고 했다. '이럴 줄 알았으면 운동은 안 해도 등록만이라도 해둘 걸' 하는 후회를 해보았자 이미 배는 떠난 뒤였다. 현우는 할 수 없이 다른 운동 시설을 찾아보기로 하고 사무실 근처로 알아보았다. 아무래도 강남의 헬스클럽에

등록해야 할 것 같아 월 회비를 알아보니 무척 비쌌다. 그러나 건강을 위해 투자 한번 하자는 군은 결심으로 등록을 했다.

강남에 위치한 곳이어서 시설은 매우 좋았고 또 사무실 인근이어서 동료 직원과 인근의 고객들이 많이 다녔다. 각자 자신의 일로 바빠 고객사에 다니기 때문에 사실 한 직장의 동료라도 거의 못 만나고 지내는 이들이 꽤나 많았다. 헬스클럽에서는 그런 동료와 우연히 아침에 만나 인사를 나누고 때로 업무적인 이야기도 나눌 수 있어 많은 도움이 된다. 모두 발가벗은 상태에서의 접대라서 벽이 없는 느낌이 들고 곧바로 친숙해질 수 있다. 접대를 떠나 고객이나 동료와 목욕탕에서 만나는 인연은 뭔지 모르게 친밀감이 더 가는 것은 사실이다. 그리고 이후에 마주치게 되면 전보다 가깝게 느껴졌다. 건강을 유지하고 인맥도 관리하고 일거양득인 셈이다.

헬스클럽에 나온 지 일주일이 지나자 시설을 이용하는 데 어느 정도 익숙해졌다. 환경에 익숙해지니 마음의 여유가 생겨 주위 사람들의 얼굴이 잘 보였다. 그래서 쉽게 백 상무의 얼굴을 알아본 것이다. 덕분에 휴일의 아주 짧은 시간에 목욕탕에서 두 벌거벗은 사내가 점심 약속을 할 수 있었다.

"하 팀장. 어제 술을 많이 한 모양이군. 사우나나 하고 오지 그래?"
한 부장은 술이 덜 깬 상태로 자리에 앉아 있는 현우를 내몰았다.

"예. 그럼 잠깐 다녀오겠습니다."

현우는 슬금슬금 사무실을 빠져나간다. 한 시간 뒤, 현우는 말쑥한 모습으로 다시 들어와 본격적인 업무를 시작했다. 영업을 하다 보면 고객을 접대하느라 늦은 밤까지 술을 마실 때가 많다. 한 부장도 '술 상무'라고 불릴 정도로 술 접대를 많이 해봐서 그 심정을 이해한다. 이럴 때는 책상을 지키기보다는 사우나에 가서 땀을 빼고 나오는 게 낫다. 몸과 마음이 정상으로 돌아온다. 사우나는 이보(二步) 전진을 위한 일보(一步) 후퇴이다. 새로운 재도약을 위해 몸과 마음을 모두 재충전해 놓아야 오늘도 또 다른 한 판 승부를 할 수 있기 때문이다.

○

평소 직장에서 집으로 돌아와 무엇을 하면서 시간을 보내는가? 아무 생각 없이 TV 리모컨을 돌리며 드라마에 빠져 있는가? 아니면 인터넷 서핑이나 게임 삼매경에 빠져 있는가? 당신은 휴식 시간을 어떻게 보내고 있는가?

평상시에 우리는 일의 노예라고 해도 과언이 아니다. 우리나라 대표 CEO들은 평균 아침 5시 45분에 일어나는 것으로 조사되었다. 세계 10대 CEO들은 새벽 4시 30분에서 5시면 눈을 뜬다고 한다. 우리는 가장 좋은 시기 동안 일에 매달려 살다가 은퇴 후에야 비로소 자유를 되찾는다. 하지만 우리의 몸은 몇 십 년 동안의 일과 스트레스로 이미 망가지고 병들어 있다. 조금만 멀리 떨어져서 보면 주변 풍경이 보이기 마련인데, 가까이에서는 보이지 않는 법이다. 달릴 때보다 잠시 쉴 때 우리는 우리의 모습을 제대로 볼 수 있다.

시간 기근, 시간 절약의 모순

세계는 갈수록 '시간 기근'에 직면하고, 시간에 대한 집착은 더욱 깊어졌다. 노동 시간이 증가하고, 교통 체증이 심해지고, 이메일의 받은 편지함이 차고 넘치면서 시간은 한없이 부족하게 느껴진다. 항상 무언가에 쫓긴다는 느낌을 받고, 노동자가 시간이 부족해서 점심시간을 제대로 챙기지 못하고 있다. '시간이 돈이다'라는 말이 자본주의 전체의 슬로건이 되었고, 이상적인 일꾼은 '시계로 잰 것처럼 정확하게' 일하는 사람이었다. 시간 엄수가 최상의 가치를 가지게 되었고, '시간 낭비'는 크나큰 죄악으로 취급됐다.

전화, 인터넷 같은 통신 혁명은 일상생활의 속도를 계속 높여왔다. 24시간 가동되는 금융 시장, 두어 시간 안에 이메일에 답하지 않으면 짜증내는 동료, 끊임없는 채팅을 부추기는 SNS 사이트, 우리가 어떻게든 걸러내고 처리할 시간을 내야 하는, 손끝에서 오가는 온라인 정보의 과부하. 소득 수준이 높았을 때의 소비 성향이 소득 수준이 낮아져도 줄어들지 않듯이 인터넷이나 컴퓨터 속도 면에서의 최신 기술에 익숙해지고 나면 조금이라도 느린 것을 보면 참지 못하고 불만을 느낀다.

이렇듯 현대인은 시간 절약의 모순 속에 살아가고 있다. 인간은 전자레인지, 팩스, 비행기, 스마트폰 등 온갖 다양한 장치를 만들어냈다. 원래는 더 많은 시간을 갖기 위해 만들어낸 것들이지만 결과는 정반대다. 과거에는 차 한 잔을 마시고 싶으면 숲으로 가서 나무를 잘라 장작을 패서 불을 피우고 우물에서 물을 길어와 불에 주전자를 올린 뒤 물이 끓을 때까지 기다렸다. 그러는 동안 시간이 잔뜩 생겼다. 하지만 요즘은 버튼 하나만 누르면 전화 한 통 거는 동안 물이 끓는다. 이렇게 절약된 많은 시간은 도대체 다 어디로 간 것일까?

일할 땐 일만, 휴식 시간에는 휴식만

성공하고 일을 즐기는 것이 행복하고 스트레스 없는 건강한 삶에 얼마나 중요한 영향을 미치는지 우리는 잘 알고 있다. 그러나 반면 일을 하지 않는 시간을 만족스럽게 보낼 필요도 있다. 일 못지않게 휴식도 중요하다. 그래서 휴식 시간에는 최대한 휴식을 취하고, 업무시간에는 열심히 일만 하는 습관을 가질 필요가 있다. 그리고 잠시 쉬는 시간을 허송세월할 것이 아니라 무언가 새로운 원동력이 되도록 준비해야 한다.

우리 삶의 원동력 중에서 가장 소중한 것이 건강이다. 따라서 일과 분리된 휴식의 시간을 통해 건강을 재충전해야 한다. 사회생활이나 업무 활동에서 가지게 되는 두려움이나 긴장 같은 소극적인 사고는 신체의 균형을 망가뜨린다. 휴식을 취할 때 가지는 즐거운 생각과 마음가짐이 건강한 몸을 만든다. 몸과 마음은 하나이며 신체는 생각의 노예라고 할 수 있다.

대부분의 사람들의 체력은 10대나 20대에 절정에 이른다. 수학적 재능도 20대가 절정에 이르며, 50대에 지위나 기량에서 절정을 이른다. 60대는 경력을 마감하는 시기다. 모든 것에는 필요한 때가 있는 법이다. '세 살 버릇 여든 간다'는 속담처럼 일찍 건강을 챙기는 습관을 길러야 한다. 평생을 건강하게 행복하게 일하려면 30대부터 몸 관리를 해야 한다. 배터리도 최저량이 남아 있으면 충전이 되지만, 지나치게 방전되면 충전조차도 안 된다.

또 다른 열정, 취미

평범한 사람은 그저 시간을 '보내는' 것만 생각하지만 능력 있는 사람은 시간 '활용'에 마음을 쓴다. 그런데 하루 24시간 중 성공과 부와 출세를 위해 2/3을 투자했다면 나머지는 여백과 주변부를 위해 투자해야만 한다. 일은 아무리 좋아도 소모되는 부문이 많이 있기 마련이다.

그걸 채워주는 것이 바로 취미다. 일에서 열정을 태웠으면 또 다른 열정을 만들어서 새로운 에너지를 충전해야 한다. 취미는 내 안에 숨겨져 있는 미지의 대륙이다. 나의 새로운 가능성을 확인할 수 있는 기회의 땅을 그냥 놓치기에는 너무 아깝다. 취미를 통해 낯선 사람과 만날 수도 있고, 나중에 취미가 제2의 직업이 될 수도 있다.

자기만의 시간

규칙적으로 일을 하는 상태를 '시간의 지속'을 의미하는 'time on'이라 하고, 휴가는 직장 생활을 잠시 중단한다는 의미에서 'time off'라고 표현한다. 흔히들 휴식을 '아무 것도 하지 않음' 또는 '자유시간'으로 여기지만 원래 휴식은 전혀 다른 것을 뜻한다.

오스트리아 사회학자 헬가 노보트니는 휴식은 '자기만의 시간'이라고 표현하고 '휴식은 나와 내 인생에서 중요한 것 사이의 일치를 뜻한다'고 말했다. 사람은 자유시간이 많아야 발전할 수 있다. 자유

시간이란 곧 생각하는 시간이고 창조하는 시간이다. 잠시 짬을 내서 모퉁이만 돌아서도 만날 수 있는 것이 바로 휴식이다. 우리는 다만 그 기회를 움켜잡으면 된다.

휴식을 대하는 태도

'휴식을 잘 취한다'는 것은 자유 시간을 얼마나 많이 가지고 있는가에 달린 것이 아니라 휴식을 대하는 태도의 문제이다. 휴식이란 밀도 있게 시간을 활용하는 것을 말한다. 휴식은 몸과 마음의 평안과 창의성을 키워줄 뿐만 아니라, 궁극적으로 자신의 실력을 끌어올리는 지름길이다.

돈 버는 시간을 제외한 여가 시간에는 '운'을 벌어야 한다. '운'을 번다는 것은 건강 재충전, 삶에 활기를 불어넣는 취미생활 등을 통한 휴식으로 미래를 준비한다는 의미이다. 휴식은 일상적인 업무와 직장으로부터 벗어나 쉬는 것을 의미하는 것이기도 하지만 동시에 새로운 원동력으로서의 미래를 닦는 시간이라고 할 수 있다.

휴식을 제대로 누리려면 먼저 다른 선택들을 거절할 줄 알아야 한다. 하나를 얻기 위해 다른 하나를 희생하는 '트레이드 오프(trade off)'로 무언가를 대신 희생해야 한다.

휴식의 조건 첫째는 자기 시간의 주인은 자신임을 깨달아야 한다. 둘째, 주변의 일에 끊임없이 관심을 빼앗기지 말아야 한다. 셋째, 그 순간이 좋아 오직 그 순간에게만 충실히 몰두할 수 있어야 한다. 재미를 느끼며 집중하는 놀이가 바로 휴식이라고 할 수 있다.

그러나 무엇보다도 휴식 때문에 스트레스를 받지 말아야 한다. 휴식은 행복과 비슷한 것이다. '참 행복'을 찾겠다고 끊임없이 헤매고 다니는 것이야말로 불행을 낳는 가장 큰 원인인 것처럼 애타게 찾는 집착을 내려놓을 때에야 비로소 휴식에 다다르게 될 것이다.

시간을 내세요 | 톨스토이

'생각할' 시간을 내세요. 힘의 근원이 됩니다.
'즐길' 시간을 내세요. 영원한 젊음의 비결입니다.
'독서할' 시간을 내세요. 지혜의 근간이 됩니다.
'기도할' 시간을 내세요. 지구상에서 가장 위대한 힘입니다.
'사랑하고 사랑 받을' 시간을 내세요. 하느님께서 주신 특권입니다.
'다정하게 대할' 시간을 내세요. 행복으로 가는 지름길입니다.
'웃을' 시간을 내세요. 영혼의 음악입니다.
'베풀어 줄' 시간을 내세요. 이기적으로 살기에는 인생이 짧습니다.
'일할' 시간을 내세요. 성공하려면 치러야 하는 대가입니다.
'자선을 할' 시간을 내세요. 천국으로 가는 열쇠입니다.

건강에 관한 명상

일찍 자고 일찍 일어나는 사람은 건강, 재산, 그리고 지혜를 누릴 수 있다. | 벤자민 플랭클린

주여, 제가 원하는 것은 건강과 약간의 돈입니다! | 하인리히 하이네

사람의 병은 많이 먹는 데서 온다. 될 수 있으면 적게 먹어라. 그러면 네 몸도 튼튼해지고 정신도 바로 설 것이기에, 질병의 신도 너를 어찌하지 못할 것이다. | 피타고라스

젊음은 주어진다. 우리는 그것을 벽장 속에 인형처럼 넣어두고 휴일
에만 꺼내어 놓는다. | 메이 스웬슨

일로일로 일소일소(一怒一老 一笑一少). 한 번 화내면 늙어지고, 한
번 웃으면 젊어진다. | 김시습

인간이 행복을 느끼는 데 필요한 것은 무엇일까? 좋은 책 한 권과
친구 서넛 그리고 치통 없이 지내는 것이다. | 테오도르 폰타네

SELF-DEVELOPMENT

다섯 번째 공

자아

01

배움, 자기 인생을
사는 것

"도현이냐? 나 현우야. 오늘 점심 약속 있니? 없으면 나하고 같
이 하자."

"그래. 이따 회사 현관에서 봐."

둘은 회사 앞 설렁탕집에 들어갔다. 점심시간을 조금 넘겼더니 자리
가 없었다. 유명한 식당이라서 15분 전에 와야 자리가 있다. 마침 먼저
먹고 나간 사람이 있어 겨우 자리를 잡았다.

"야, 이 집 떼부자 되겠다. 이렇게 사람이 많으니 말이야."

도현은 넘치는 손님들을 보면서 부산을 떨었다.

"야 인마, 이 집 벌써 부자 됐어. 강남에도 체인점 열었는데 번호표

나누어 준다더라."

현우가 차분히 말했다. 두 사람은 허겁지겁 설렁탕 한 그릇을 뚝딱 비우고는 근처 카페에 들어갔다. 도현은 진한 에스프레소를 주문했고 현우는 아메리카노를 시켰다.

요즘 직장인의 풍속도는 간단히 값싼 김밥이나 면으로 요기하고 분위기 있는 브랜드 커피숍으로 가 자기가 좋아하는 비싼 커피를 마시는 것이다.

"그런데 웬일이냐? 짠돌이 네가 전화를 다 하고 점심도 사다니."

도현은 궁금한 것을 못 참는 성격이라 먼저 물었다.

"야 인마, 우리끼리 전화도 못 하냐? 그리고 밥도 못 사냐?"

현우는 눈을 흘기며 면박을 주었다. 하지만 곧 얼굴을 풀고 진지하게 물었다.

"그래, 대학원은 다닐 만하냐?"

현우는 오늘 불러낸 속내를 털어놓기 시작했다. 현우의 인생에서 꼭 돌이키고 싶은 것이 한 가지 있다면 바로 학력이다. 요즘 대학 학력만으로는 차별화가 안 된다. 석사는 기본이고 임원이 되기 위해서는 박사 정도는 되어야 한다. 오성전자 임원의 과반수가 박사들이다.

도대체 학력이 뭔지. 그놈의 학력 때문에 평생 두고 괴로워하는 직장인들이 너무 많다. 그런 사람들 중 하나가 바로 현우이다. 그래서 내친김에 현우는 대학원 진학을 생각 중이다. 그래서 먼저 대학원에 나가는 도현에게 정보를 얻기 위해 점심을 산 것이다.

"응, 다닐 만해. 첫 학기에는 정신이 없었지. 뭐가 뭔지 알 수가 있어야지. 그리고 나이 들어서 공부하려니 여간 힘든 게 아니더라. 이제 4학기라 이골이 나서 할 만해."

도현은 벌써 3학기를 마치고 앞으로 1년이면 학위를 받게 된다. 하지만 현우는 2년 전이나 지금이나 별로 달라진 것이 없다. 그런 도현을 보고 있으려니 조금은 열등감 같은 게 느껴졌다.

○

요즘 직장인은 매우 고달프다. 대학 입시보다 더 힘든 취업문을 비집고 들어서면 치열한 경쟁이 기다리고 있기 때문이다. 이러한 경쟁에서 낙오하지 않고 살아남기 위해서 직장인들은 공부에 몰두하고 자기계발에 전념할 수밖에 없다. 우리는 어려서부터 '공부해라'라는 말을 귀가 따갑도록 들으면서 살아왔다. 대학을 졸업하고 직장에 들어오면 공부와 이별할 줄 알았는데 그게 아니다. 도리어 더 많은 공부가 필요한 곳이 바로 직장이라는 것을 뼈저리게 느끼게 되었다. 치열한 경쟁에서 살아남기 위해서는 남과 차별화된 무언가를 가지고 있어야 한다. 그 차별성은 배움으로 만들어진다. 배움을 얻는다는 것은 다른 말로 하면 '자기 자신의 인생을 사는 것'이라고 할 수 있다. 배운다고 해서 갑자기 행복해지거나 부유해지는 것은 아니지만, 세상을 더 깊이 이해하고 자기 자신과 더 평화롭게 지낼 수는 있기 때문이다.

○

"어이, 이 대리. 어디를 그리 급하게 가시나요?"

점심시간이 되자마자 회사를 황급히 빠져나가는 이 대리를 현우가 불러 세웠다.

"어, 과장님. 제가 볼 일이 좀 있어서요. 그럼 먼저 실례."

낮 12시. 이창희 대리는 하 과장의 제지에도 불구하고 빠른 걸음으로 사무실을 빠져나갔다. 요즘 이 대리는 혼자서 점심을 먹는다. 이 대리가 도착한 곳은 식당이 아니라 학원이었다.

요리에 관심이 있는 그녀는 점심시간을 활용해 요리 학원을 다니고 있다. 시간을 쪼개 취미 활동도 즐기고 점심도 해결하는 것이다. 짧은 점심시간을 활용하는 강좌라서 주로 샌드위치를 만드는 법을 배우고 있다.

"점심시간을 의미 있게 보낼 뿐만 아니라 뿌듯함을 가질 수 있고 오후 업무에 활력을 불어넣을 수 있어 기분이 좋지요."

이 대리는 쫓기듯 밥을 먹고 비싼 커피숍에서 수다를 떠는 여느 직장인과 달리 불경기 속에서 자신만의 경쟁력을 키우기 위해 점심시간을 적극적으로 활용하는 런치터디(Lunch-study)를 한 지 벌써 3개월째이다. 매주 수요일은 '와인과 런치' 특강에 참여한다. 점심도 때우고 와인에 대해 배울 수 있어 일거양득(一擧兩得)이다. 이 강좌는 직장인의 자투리 시간과 기업의 마케팅이 맞아떨어져 많은 인기를 끌고 있다.

"이 대리, 멋진 남자와 데이트하고 와?"

현우는 짓궂게 농담을 했다.

"그래요. 애인이랑 분위기 있는 데서 식사하고 와요."

이 대리가 맞받아쳤다.

"요즘 아무래도 수상해. 누구 사귀지?"

현우는 최근 이 대리의 행동에 관심이 많았다.

"노, 노. 이츠 마이 시크릿!"

대꾸를 하고 자기 자리에 앉은 이 대리는 컴퓨터를 켰고 바로 업무에 열중했다.

●

의지와 시간 관리

세상에는 배울 것이 수없이 많고 오늘날에는 공부할 만한 지식이 넘치도록 많다. 우리가 가진 가장 큰 자산 중 하나가 지적 능력이다. 그런데 이것은 다른 것과 마찬가지로 사용하지 않으면 사라진다. 더구나 시간이 갈수록 인생은 짧아지고 인간이 가진 전반적인 능력도 떨어져 가장 필요한 최소한의 지식조차 배우기 어렵다. 그래서 배움에는 무엇보다도 의지가 가장 중요하다. 그리고 다음으로 철저한 시간 관리가 중요하다. 시간은 누구에게나 주어지는 공평한 자본이다. 이 자본을 잘 활용하는 사람이 성공에 이른다. 직장인으로서의 공부는 업무와 병행해야 하기 때문에 더더욱 시간 활용이 핵심이다.

○

"너 이창희 대리 소식 들었지?"

현우가 말을 꺼냈다.

"그래. 휴직하고 유학 간다며."

도현도 이미 알고 있는 사실이라 건성으로 대답했다.

"그래. 대단한 여자야. 자기가 하고 싶은 것을 위해 과감하게 직장을 그만두고 유학을 간다니 말이야."

현우는 부러운 듯 이야기했다.

"들리는 말에 의하면, 요리를 배우러 프랑스로 간다고 하더라."

"그래서 점심 때마다 요리며 와인 강좌에 그렇게 열심이었구나."

그동안 이 대리가 점심시간만 되면 부리나케 줄달음 친 이유를 확연히 알게 되었다.

"부럽다. 이 대리가."

현우는 연신 이 대리의 도전이 부러워 되뇌었다.

"우리라고 못 할 것 없잖아. 현우아! 우리도 가자."

강의실 입구에서 주변을 물끄러미 바라보고 있는 현우의 어깨를 툭 치고는 도현이 앞서 강의실로 들어갔다.

도현과 그날 점심을 함께 한 3개월 뒤, 현우는 모교의 경영대학원 MBA과정에 입학했다. 학교를 떠난 지 만 8년 만에 다시 학교에 돌아온 것이다. 예전에는 그저 다녀야 한다는 그리고 졸업해야 한다는 다소

수동적인 마음가짐으로 학교에 다녔다. 그래서 학교에 대한 추억이나 감흥이 별로 없었다. 하지만 지금은 학교의 모든 것이 다정스럽게 다가왔다. 가로수며 벤치 그리고 심지어는 화장실까지도 정겹게 느껴졌다. 본인 스스로 다니고 싶어 다시 찾은 학교이기 때문이다. 오늘부터 현우도 도현처럼 샐러던트(Saladent)의 삶을 시작한 것이다. 직장은 배움의 종착역이 아니라 새로운 출발점이다. 모든 새로운 시작은 다른 시작의 끝에서 나온다. 여유 있을 때 배우겠다고 말하지 말라. 여유 있을 때 배우려 한다면 끝내 여유를 갖지 못할 테니까.

○

우리가 안다고 믿었던 세계는 숨 막힐 정도도 빠르게 변하고 있다. 인간이 발동을 건 변화의 속도는 시간이 갈수록 빨라지는데다 거기서 초래되는 위험을 추산하기란 아예 불가능하다. 모든 것들이 급물살을 타고 있다. 새 기술, 새 상품, 새 미디어가 일, 소비, 정보 습득 방식에 혁명을 가져오고 있다. 디지털화와 정보의 홍수는 노동 방식과 소통, 삶의 양식까지 결정한다. 옛것이 새것으로 교체되는 사이클도 점점 더 빠르게 돌아간다. 이것이 우리가 처한 현실이다.

샐러던트

직장에 취직했다고 더 이상 배울 것이 없다고 생각하면 큰 오산이다. 도리어 학교보다 배워야 할 것이 더 많다. 최근 한 조사 기관의 발표에 의하면, 약 70%의 직장인이 공부를 하고 있다고 답했다. 직장인들이 이처럼 공부에 열중하는 이유로는 '자기계발', '미래 준비', '인적 네트워크', 그리고 '승진' 때문이라고 했다. 이렇게 열심히 공부하는 직장인을 직장인과 학생의 합성어인 '샐러던트(Saladent : Salary man + Student)'라 부른다.

배움은 우리에게 지식과 지혜를 전해주고 원하는 것을 이룰 수 있는 힘을 길러 준다. 우리는 교양을 쌓기 위해 배우고, 업무에 필요한 지식을 얻기 위해 배우고, 삶의 의미를 깨닫기 위해 배운다. 배움에는 끝이 없다. 배움은 사람의 본능이다. 배움은 본질적으로 재미있는 것이며, 사람을 행복하게 한다. 젊어서 배우면 장년에 도움이되고, 장년에 배우면 노년에 기력이 쇠하지 않으며, 노년에 배우면사망 뒤에 그 덕망이 사라지지 않는다.

자고로 학생이 배울 준비가 되면 스승이 저절로 나타난다고 했다. 담설전정(擔雪塡井)이라는 말은 '눈을 짊어지고 우물을 메운다'는 뜻으로, 무슨 일을 하든 열심히 그리고 꾸준히 하라는 맥락으로 쓰인다. 배움에도 이 말을 상기할 필요가 있다.

무엇을 시작하기에 충분히 완벽한 때는 없다

참기 어려운 고통은 극복하는 것이 아니고 견디는 것이다. 견딤의 시간이 쓰임의 시간을 결정한다. 극복의 힘보다 견딤의 힘이 더 중요하다. 견딤의 자세가 곧 인생의 자세이다. 한 일(一)자를 10년 쓰면 붓끝에서 강물이 흐른다고 했다. 고통은 잠시지만 포기는 평생을 괴롭힌다. 진정한 땀의 대가는 '그래서 우리가 무엇을 얻느냐'가 아니다. '그래서 우리가 무엇이 되느냐'이다.

살다 보면 흔히 저지르게 되는 두 가지 실수가 있다. 첫째, 아예 시작도 하지 않는 것, 둘째, 끝까지 하지 않는 것이다. 우리는 종종 완벽하게 준비가 갖추어질 때까지 기다리다가 때를 놓치고 만다. 그러나 무엇을 시작하기에 충분할 만큼 완벽한 때는 없다. 목표와 성공 사이, 꿈과 현실 사이, 계획과 결과 사이에는 행동이라는 두 글자가 들어가야 한다. 시간을 죽이며 빈둥거리지 말고 무슨 일이든 찾아서 해야 한다. 죽음의 문을 향해 천천히 당신의 등을 떠밀고 있는 게 바로 그 시간이라는 걸 잊지 말아야 한다.

완벽의 경계를 허물고 도전하라

오늘날 많은 사람을 힘들게 하는 문제는 따로 있다. 바로 선택할 것이 너무 많아서 오히려 무엇을 선택해야 할지 모르겠다는 것이다. 너무 많은 선택이 행복을 불행으로 바꾸는 모순을 베리 슈위츠는 그의 저서 『선택의 심리학』에서 설명했다.

첫째, 선택의 여지가 크면 내면적인 무감각으로 이끌려 간다.
둘째, 선택의 폭이 커지면 좋지 않은 의사결정을 내리게 된다.
셋째, 선택의 폭이 커지면 결과적으로 불만족에 이르게 된다.

새로운 변화에 대한 흥분은 단지 짧은 시간 동안만 지속될 뿐이며, 며칠 몇 주가 지나면 새로운 기대치가 다시 고개를 들기 시작한다. 인간은 대부분의 변화에 대해 점차 길들여지거나 단련되는 놀라운 능력을 가지고 있다. 이럴 때일수록 내가 지닌 재능을 썩히는 것, 나의 잠재력을 끌어내려 하지 않는 것은 나를 좀먹는 불만족의 원인이요, 패배감과 수치, 자괴심의 근원이 된다.

취미로서의 습작과 명품과의 경계, 아마추어와 전문가 사이의 선, 고만고만한 성과와 최고 기록 사이의 벽을 넘고 허물어야 한다. 즉 완벽해야 한다는 생각을 버리고 무엇이든 먼저 행동으로 옮기고 실현하는 이에게 변화의 문이 열려 있다. 그리고 이것의 성패는 오직 무엇을 목표로, 얼마나 자신을 채찍질하느냐에 달려 있다.

특별한 삶을 꿈꾸는 기개

주위에 '성공하는 방법'에 대한 지침서들이 있다면 다 내다 버리고 글로벌 시대에 맞는 오직 자신만의 지침서를 써 내려가자. 현실에 안주하지 말라. 끊임없는 업데이트(up-date)만이 살 길이다. 특히 배움에는 유효기간이 없다. 우리는 평생토록 배워야 한다. 세상을 좌우하는 것은 꿈을 이루기 위해 기꺼이 삶을 내거는 사람들이다. 인생에서 가장 큰 즐거움은 사람들이 '넌 절대로 할 수 없을 거야'라고 한 일을 해내는 것이다.

그러나 무작정 열심히 사는 것은 좋은 방법이 아니다. '열심히'가 아니라 '특별하게' 살아야 한다. 어떤 시대이건 사람은 '크게 한 방 터뜨려야지!' 하는 기개는 갖추고 있어야 한다. 상승지향성을 버린다는 것은 평범한 인생을 선택하는 것과 같다.

우리에게 지금 필요한 것은 진중함이나 무조건 열심히 하는 것이 아니고 즐기는 것이다. 즐거우면, 마음은 자연스럽게 열려 새로운 것을 받아들일 수 있다. 만족할 줄 알면, 나 자신이 스스로를 괴롭히면서 하는 분투를 쉴 수 있고, 지금 내 앞에 있는 사람과 지금 이 시간을 즐길 수 있으며, 만족할 줄 알면, 일이 끝나고도 마음에 아무런 찌꺼기가 남지 않는다.

샐러던트의 시간관리

1. 퇴근 후 2시간 투자하기.
2. 자투리 시간 모으기.
3. 점심시간 활용하기.
4. 배우는 주말 보내기

성공적인 셀러던트의 습관

1. 일주일 단위로 계획을 점검하라.
2. 새벽형인지 저녁형인지 자신의 스타일을 파악하라.
3. 직장 동료는 적이 아니고 지원군이다.
4. 인적 네트워크가 성공의 지름길이다.
5. 공부와 업무가 연관 짓도록 하라.
6. 디지털 기기를 활용하라.
7. 마음먹었다면 당장 실천하라.

02

청춘의 방황은
짧고 깊게 하는 게
중요하다

'나 자신의 건강이나 즐거움을 위해선 단 한 푼의 돈도 1초
의 시간도 쓴 적 없이 오로지 가족과 직장을 위해 살아왔다고 자부했
는데.'

오늘도 어김없이 새날이 밝았다. 구조조정 때문에 하루아침에 백수
가 된 현우는 아침이 두려워졌다. 눈을 뜨고 싶지 않았다. 현우는 심한
자괴감에 빠져 있었다. 예전과 같이 남들처럼 바쁜 아침을 보낼 수가
없기 때문이다.

백수의 하루는 뻔했다. 처음에는 취직자리를 알아보면서 보냈다. 그
런 일상도 한 달이 채 못 갔다. 그 이후로는 하릴없이 동네를 걷거나 인

터넷 서핑을 하며 시간을 보냈다. 점심때가 되면 전자레인지에 밥 있다는 쪽지가 현우를 맞이했다. 아내는 돈을 벌기 위해 편의점으로 아르바이트를 하러 갔다. 전자레인지에 밥과 국을 데우고 밑반찬을 꺼내 먹다가 문득 '홀로 사시는 노모가 지금 내 모습을 보면 얼마나 안쓰러워하실까' 하는 생각이 들면서 눈물이 핑 돌았다.

현직에 있는 친구들을 만나도 답답하기는 마찬가지다. 기러기아빠 생활을 하다 이혼한 친구의 고충을 듣는 것도 지겹고, 겉보기에 멀쩡한 친구들도 '그동안 뭘 위해 뛰어 왔는지 모르겠다'며 푸념한다.

"여보, 이참에 여행이나 한 일주일 다녀오지 그래요? 그동안 일하느라고 제대로 쉬지도 못했는데."

아내는 방황하는 현우를 위로하기 위해 여행을 권했다. 정말 안쓰러워서 진심으로 하는 말이다.

"아니야. 금방 취직이 될 텐데, 뭘. 그냥 집에서 대기하면서 푹 쉬면 돼."

큰소리는 쳐놓았지만 사실 현우는 언제 다시 취직이 될지 조바심이 일었다. 게다가 넉넉하지 못한 생활비 걱정에 선뜻 여행을 나서지 못했다. '돈이란 섹스와 같다. 못 가지면 그것만 생각하고 막상 갖게 되면 다른 것을 생각하게 된다'는 말처럼 시간 역시 마치 돈과 같다. 정작 필요할 때는 구하기가 어렵고 필요가 없을 때 넘친다. 평상시에 항상 시간에 쫓기면서 살아왔기 때문에 시간이 조금만 있었으면 하는 생각밖에 없었는데 이제 그 시간이 넘칠 만큼 많아졌는데 더 시간에 쫓기고 있다.

대부분의 사람들은 휴가 때가 되면 오로지 자기 자신만을 위해 뭔가를 하리라 마음먹는다. '오늘 저녁에는 편안하게 쉬어야지' 하고 생각하기도 한다. 하지만 막상 그때가 되면 여가 시간도 전혀 자유롭지 않다는 것을 느낀다. 현우는 막상 여행을 할 시간이 생겼지만 떠날 용기가 나질 않았다. 현실이 너무 절박했기 때문이다. 그러나 결국 현우는 마음을 고쳐먹고 머리도 식힐 겸 여행을 떠나기로 했다.

"오늘 자고 올 거예요?"

"글쎄. 가급적이면 오늘 돌아오도록 해볼게. 그래도 혹시 모르니까 간단한 속옷과 세면도구도 챙겨 갈게."

현우가 직접 가방을 꾸렸다. 예전에도 출장 가방은 항상 현우 자신이 챙겼다. 물론 간단한 속옷은 아내가 챙겨주지만 현우만의 여행가방 꾸리는 방식이 있었다. 오성전자에 있을 때 업무 출장이 대부분 2박 3일 일정이었다. 그래서 옷가지는 별로 챙길 것이 없고, 다른 것들이 많았다. 챙겨야 할 목록 제 1호는 노트북이다. 이동 간에 각종 문서 정리를 하고 현지에 도착해서는 바로 인터넷에 접속해 업무를 볼 수 있도록 했다. 두 번째는 책이다. 항상 두 권을 챙겨 한 권은 갈 때, 한 권은 올 때 읽었다. 한 권은 문학 서적이고 다른 한 권은 경영 관련 서적을 택했다.

현우는 가방을 꾸리다 멈췄다. 이번 여행은 업무 출장이 아니고 복잡해진 머리를 식히려 가는 여행이라서 특별히 챙길 것이 없었다. 그저 옷과 세면도구가 다였다. 남들은 이런 기회를 이용해 해외로 여행을 떠나지만 현우가 가려는 곳은 지방이었다. 실은 여행이라기보다는 두 해 동안 찾아뵙지 못했던 아버님 산소에 성묘를 하러 가는 것이다. 재작년 추석에 들러보고 작년 추석에는 회사 일이 바빠 들르지 못했다.

"여보, 다녀올게. 기다리지 마."

현우는 새벽부터 서둘러 집을 떠났다. 출근 시간과 겹치면 공연히 길에서 시간을 다 허비할 것 같아서였다.

"편안하게 다녀오세요. 시간에 구애받지 말고 있고 싶을 때까지 있다가 오세요. 몸조심하시고요."

여느 배웅 때와 달리 아내는 코끝이 찡했다. 현우는 그런 아내의 얼굴을 보지 않으려고 서둘러 문을 열고 나갔다. 88도로를 타고 바로 고속도로에 올라 논스톱으로 달려 천안휴게소에 도착했다. 벌써 아침 해가 중천에 떠올라 눈부셨다. 잠시 휴식도 할 겸 휴게소에서 국밥 한 그릇으로 아침식사를 했다. 그리고 다시 천안부터 쉬지 않고 달렸다. 오전 10시경, 고향 선산의 아버님 묘소에 도착했다. 아버님 산소는 추석에 형님이 다녀가서 단정하게 가꾸어져 있었다. 현우는 준비해 온 과일과 북어포를 석상에 차려 놓고 절을 했다.

"아버님, 불효자 현우가 왔습니다. 이 못난 아들을 용서하십시오."

절을 하면서 현우는 하염없이 눈물을 흘렸다. 그동안 주위의 눈치도 있고 또 가족들에게 나약한 모습을 보여주기 싫어서 참고 있던 눈물이었다. 서러운 감정이 아버지 산소에 와서야 터져버린 것이다. 약주를 좋아하셨던 아버님을 위해 소주를 제주로 올리고 저승에서라도 마음껏 드시라고 산소 주위에도 뿌려 드렸다.

현우는 성묘를 끝내고 차를 몰아 가까운 변산 바다로 향했다. 변산 해수욕장은 현우의 고향에서 약 한 시간 거리에 위치해 있어 간혹 들르곤 했던 곳이다. 탁 트인 바다를 보면 꽉 막혀버린 가슴이 조금이라도 트일 것 같았다. 한여름에는 해수욕을 하는 피서객으로 발 디딜 틈 없던 곳인데 철 지난 해변가의 적막감만 맴돌았다. 현우는 바다가 보이는 소나무 아래에 앉아 가만히 생각에 잠겼다.

해지는 저녁노을을 보고 현우는 고단한 삶의 냄새와 피로를 느끼며, 마흔이 되니 인생이란 게 참으로 만만치 않음을 알게 되었다.

'왜 나에게 이런 일이 일어나는 거야? 내가 무엇을 잘못했기에 이런 시련을 주는 거야?'

분노를 품는 것은 독이 되고 굽은 칼이 되어 휘두르면 휘두를수록 자신을 더 다치게 했다. 어느 정도 시간이 흐르면서 분노의 독이 가라앉았지만 이제는 분노보다는 두려움이 앞선다. 현우는 다시 시작할 엄두를 못 내고 있었다. 또 이와 같은 상황이 벌어지면 어떡하나 하는 두려움에 휩싸였다. 그 두려움을 회피하려고 애를 쓰면 두려움은 더 커져만 갔다. 불현듯 중세 수도자인 발자크 그라시안의 말이 떠올랐다.

좌절과 희망은 언제 어디서 나타날지 모른다. 언제나 한결같은 이성으로 무장해야 한다. 그리하여 행운은 신중하게 받아들이고, 불행은 인내로써 받아들여야 한다.

현우는 자리를 털고 일어나 해변가로 내려갔다. 해변에는 겹겹의 파도가 밀려왔다가 다시 사라지곤 했다. 현우는 해변가를 걸으면서 많은 것을 생각했다. 비록 짧은 기간이지만 그동안 지나온 삶을 되돌아보았다. 지금같이 어려운 시기에 진정으로 격려해주며 순수한 마음으로 지켜 봐주는 사람은 오직 가족뿐이라는 것을 새삼 깨달았다. 그동안 가족의 중요성을 잊고 오로지 멸사봉공의 자세로 일에만 열중한 자신이 한없이 바보같이 느껴졌다. 현우의 입에서는 자신도 모르게 '정말 바보처럼 살았군요'라는 노래가 흘러나왔다

어느 날 난 낙엽 지는 소리에 갑자기 텅 빈 내 마음을 보았죠.
그냥 덧없이 흘러버린 그런 세월을 느낀 거죠.
저 떨어지는 낙엽처럼 그렇게 살아버린 내 인생은 예~
난 참 바보처럼 살았군요. 난 참 예~
난 참 바보처럼 살았군요. 바보처럼 바보처럼~ 우~

아무도 없는 해변가에서 한바탕 노래를 부르고 난 현우는 마치 자신

의 처지를 읊은 듯해 실없이 웃고 말았다. 현우는 내일의 성공이 과거나 현재에 좌우되는 것이 아니라, 오늘 어떤 준비를 하느냐에 따라 결정된다고 생각했다. 자신이 누구이며, 가치 있게 여기는 것이 무엇인지를 알아야 한다. 그래서 다람쥐 쳇바퀴처럼 쉬지 않고 돌아가는 상황에서 자신이 '정지' 버튼을 누를 수 있어야 한다. 그리고 지금 하는 일보다 나 자신이 중요하다는 것을 상기시킬 필요가 있다. '해야 할 일'에 덜 집중하고, '되어야 할 일'에 좀 더 집중해야만 한다. 마지막 결단의 몫은 항상 현우 자신의 것이다…….

현우는 해변가 바위에 걸터앉아 황홀한 풍경의 낙조를 바라보면서 시간 가는 줄을 잊고 있었다. 갑자기 사방이 어두워졌다. 바닷가의 밤은 순식간에 찾아온다. 미처 숙소를 정하지 못했는데 해가 저물어버려 그냥 곧바로 집으로 돌아가기로 했다.

초행길인데다가 지방도로인 터라 길이 낯설고 어두워 고속도로까지 가는 데 많은 시간이 걸렸다. 두 시간 정도 헤매다 보니 고속도로 입구 안내 표지판이 나왔다. 안내판을 따라 고속도로에 오르니 마치 집에 다 온 것 같은 안도감이 들었다. 현우의 마음도 그와 같이 뭔가 제 길을 찾은 듯 했다. 뭔가 희미하지만 안내판을 본 듯했다. 돌아오는 차 속에서 현우는 다짐했다.

'그래, 포기할 것은 빨리 포기하고 다시 새로운 것을 향해 새 출발을 하자. 인생은 어떤 의미에서 포기의 연속이며 마지막 순간에 모든 것을

버리고 가기 위한 연습이라고 했어.'

현우는 서서히 마음을 정리하기 시작했다.

'나는 실패하기 위해 이 세상에 태어난 것이 아니며 나의 피 속에는 실패의 피가 흐르지 않는다. 실패는 성공의 디딤돌이다. 하지만 좌절은 인생을 망치는 악이다. 나에게 시련을 있을지라도 절대로 좌절하지는 않겠다.'

현우는 운전대를 힘차게 쥐면서 다짐하고 또 다짐했다.

여행이란 일상으로부터의 탈출이다. 그래서 어떤 전환점을 위해서는 여행을 하는 것이 좋다. 비록 짧은 여행을 다녀왔지만 그동안 현우 자신을 진솔하게 되돌아 볼 수가 있었다.

○

많은 직장인들은 성공을 꿈꾼다. 그렇지만 모두가 성공의 가도인 달리는 것은 아니다. 성공은 반복되는 실패와 자기반성을 통해서만 이루어진다. 하지만 너무 많은 사람들이 적당한 때와 장소를 기다리다가 너무 많은 시간을 허비하고 만다. 거기서 그치는 것이 아니다. 기다리는 와중에 소망하던 마음 자체를 잃어버린다. 때가 무르익으면, 조건이 갖추어지면 한다고 미루다 보면, 어느새 현실에 파묻혀 자신의 소망을 잃고 만다. 그러므로 무언가 되기 위해서는 반드시 지금 이 순간 무언가를 해야만 한다. 위험을 무릅쓴 시도, 실패와 실수를 바로잡는 과정이 인생의 최대 교훈이다.

청춘의 방황은 짧고 깊게

청춘 시절에는 누구나 방황하게 된다. 방황하지 않는 청춘은 없
다. 문제는 언제까지 방황하느냐 하는 것이다. 청춘의 방황이 너무
길어 청춘이 다 지나가버리면 문제다. 따라서 청춘의 방황은 짧고
깊게 하는 게 중요하다. 방황의 시간의 양이 많다고 해서 준비와 고
뇌의 양이 반드시 많아지는 건 아니다.

방황은 어느 정도 오래, 많이 했느냐가 중요한 게 아니라 무엇을
위해 어떻게 방황했느냐가 더 중요하다. 그런데 요즘 젊은 세대들을
보면 '앞으로 무엇을 해야 할 것인가, 무엇이 되고 싶은가' 하는 생
각만 할 뿐 실제로는 아무 행동도 하지 않는 경우를 종종 본다.

우유부단한 '소망 맨' 보다는 적극적인 '행동 맨'

인생은 90%의 생각과 10%의 행동으로 이루어진다. 그리고 우리
삶의 99%를 이끄는 것은 오직 1%의 행동이다. 세상을 사는 동안

기회는 언제나 있다. 그러나 시도하지 않으면 아무 것도 할 수 없다. 준비된 자만이 선택의 자유를 누릴 수 있다.

젊었을 때는 남다른 존재가 되는 것을 두려워하지 않아야 한다. 가치 있는 것을 찾아내고 그것으로 세상을 변화시켜야 한다. 끊임없이 다시 시도해야 한다. 마냥 기다리기보다 부딪쳐보는 게 낫다. 비록 보이지 않지만 그 속에서 길을 찾을 수 있다. 그리고 일단 길을 나섰다면 최대한 적극적으로 치고 나가야 한다.

남과 다른 성공의 이면에는 남과 다른 과정이 있다. 같은 속도, 같은 모습, 같은 공간에서는 결코 차별화할 수 없다. 우유부단한 '소망

맨' 보다는 적극적인 '행동 맨'이 되어야 한다. 도전에는 끝이 없다. '나는 행동한다. 그러므로 실패한다. 나는 실패한다 그러므로 발전한다.'

인간의 위기 극복 능력

우리가 생각하는 것보다 사람이 가진 회복력은 놀랍다. 실패의 합리화에서부터 임기응변 능력까지, 시련이나 스트레스를 접했을 때 우리는 자신을 무너지지 않게 보호할 수 있는 많은 능력과 재주를 갖고 있다. 부정적 경험을 만나면 얼른 그 크기를 축소하거나 다른 식으로 설명하거나 차단시킬 수 있고, 다른 긍정적인 경험으로 변형시킬 수도 있다.

실패가 닥칠 때마다 물러서지 않고 온 힘을 다해 극복하면, 자신의 능력이 배가되는 것을 알 수 있다. 실패는 재능을 키우는 가장 좋은 길이다. 비관적인 인간의 눈에 실패는 재난이지만, 낙관적인 인간의 눈에 실패란 새로운 기회이자 삶의 낭만이기도 하다.

역경은 인간을 완성시키며, 극복하지 못할 역경이란 없다. 역경은 우리 삶의 일부이다. 우리가 해결해야 할 밖으로 드러난 과제일 뿐이다. 역경은 '어느 정도로 심각하게 받아들인 뒤 어떻게 극복할 것인가를 결정하는 사건'에 지나지 않는다.

역경이란 결국 심리나 정신의 문제이다. 우리는 인생의 고비마다 한 뼘씩 자란다. 도전해서 실패한 사람은 재도전을 통해 새로운 일을 이룰 수 있지만, 도전을 피하는 사람은 새로운 인생을 절대로 경험할 수 없다. 그리고 이미 엎질러진 물은 잊어버려라. 인생은 길다! 끊임없이 과거를 되돌아보면서, 반성해야 할 점이 있으면 반성하고 수정해 나가면서 더 나은 삶을 보낼 수 있다.

승자와 패자

패자는 시간에 끌려 다니고 승자는 시간을 관리한다

패자는 생각 없이 기계적으로 일하지만 승자는 생각하고 난 다음에 체계적으로 일한다.

패자는 즉각적인 만족을 위해 사소한 것을 먼저 하지만 승자는 장기적인 만족을 위해 중요한 것을 먼저 한다.

패자는 '언젠가 거기'에서 시작하겠다고 계획만 하고 승자는 '지금 여기'에서 곧바로 실천한다.

패자는 뭔가 할 수 있는 시간에도 아무 것도 하지 않지만 승자는 아무 것도 할 수 없는 시간에도 뭔가를 한다.

패자는 문제의 변두리에서 맴돌지만 승자는 문제의 핵심으로 뛰어든다.

패자는 게으르지만 항상 분주하고 승자는 부지런하지만 항상 여유가 있다.

좌절을 극복하는 길

첫째, 최고의 스승을 찾아라.

둘째, 반복을 통해 피학적인 쾌감을 얻어라.

셋째, 인내와 겸양을 단련하라.

넷째, 목표를 결코 눈에서 놓치지 말라.

다섯째, 한계에 도전하라.

자기 격려의 신조

과거는 미래가 아니다.

실패가 없다면 성공은 없다.

하늘이 미룬다고 해서 거절을 의미하는 것은 아니다.

모든 일이 일어나는 데는 그 목적이 있다.

중요한 것은 어떤 일이 발생했는가가 아니라 어떤 일을 해야 하는가이다.

나는 나의 생명에 책임감을 가져야 한다.

어떤 일을 개선하고 싶다면 먼저 나 자신부터 바꿔야 한다.

내가 할 수 없는 일이라도 나는 반드시 해야 한다.

꼭 해내야 할 일은 나는 해낼 수 있다.

성공하는 사람은 절대 포기하지 않는다.

하지만 포기하는 사람은 절대로 성공할 수 없다.

03

창의는 천부적
재능이 아니다

현우의 집 앞마당 나무에 벌집이 하나 매달려 있다. 그 나무에 자주 벌들이 몰려와 집안 식구들이 놀라곤 했다. 어느 날 현우의 아버지가 벌집을 떼어내려고 궁리를 했다.

'저놈의 벌집을 어떻게 떼어낼까?'

곰곰이 생각을 하다 좋은 생각이 떠올랐다.

'아! 그래, 막대기로 집어내면 되겠구나. 그런데 막대기가 어디 있지? 참, 창고에 있을 거야.'

아버지는 창고 안의 허섭스레기 속에서 막대기 두 개를 찾아 들고 나와 마치 젓가락으로 집듯이 해서 벌집을 떼어내려고 했다. 하지만 그게 그리 쉽지 않았다. 벌집이 야무지게 달려 있어 좀처럼 떨어지지 않았다. 게다가 벌집을 건드리니 벌들이 공격을 해대 바로 후퇴를 해야만 했다. 이런 일을 수차례 반복하고 있던 중 현우가 학교를 마치고 집으로 돌아왔다.

"아버지 뭐 하시는 거에요?"

"이 놈의 벌집을 떼어버리려고 하는데 좀처럼 집어지지가 않는 구나."

아버지는 이미 벌에게 한두 방 쏘인 채였다. 현우는 나무 위 벌집을 쳐다보면서 생각에 잠겼다. 마침 지난 주말 텔레비전 프로그램에서 본 벌집 퇴치 방법들이 생각났다. 어느 때는 화학 약품을 쓰기도 하고, 또 어느 때는 망으로 벌집을 싸 퇴치하기도 했다. 그런데 언뜻 가스버너로 벌집을 태우는 장면이 생각났다.

'그래, 그거야!' 현우는 아버지에게 말했다.

"참, 아버지도. 그렇게 해서는 안 되지요. 제가 몽땅 잡아 드릴게요."

현우가 자신만만하게 벌집을 떼어준다고 하니 아버지는 그저 멍하니 바라볼 수밖에 없었다. 현우는 방으로 들어가 굵은 초를 하나 들고 나왔다. 그리고 막대기 끝에 초를 묶어 메고는 심지에 불을 붙였다. 그러고는 나뭇가지에 매달린 벌집을 촛불로 태워 버렸다. 벌들도 불이 무서워 피했고, 벌집에 불이 붙자 벌집은 서서히 타서 없어져버렸다.

아버지는 현우의 행동을 보고 비로소 생각했다. 자기가 목적을 잊은 채 방법에만 사로잡혀 있었다는 사실을 깨달았다. 벌집을 없애버리는 방법에는 꼭 떼어버리는 방법만 있는 것이 아니다. 떼어내지 않고 태우는 방법도 있는 것이다. 아버지는 현우를 대견해했다.

"어떻게 그런 생각을 다 해냈니?"

아버지의 칭찬을 들은 현우는 기분이 좋았다.

"뭐 별 거 아니에요. 뭐가 문제인지 파악하고 조금만 다르게 생각하면 되지요."

현우가 으쓱하며 답했다. 아버지는 예전에는 반항적으로만 보였던 아들이 조금 달리 보였다. 벌집을 소탕하고 방으로 들어가는 현우의 뒷모습을 보며 흡족한 미소를 지었다.

◉

스키폴국제공항 화장실의 파리

네덜란드 암스테르담의 스키폴국제공항. 하루에도 수백 대의 비행기가 오르고 내리는 유럽의 관문이다. 방금 도착한 비행기에서 내린 한 남자 승객이 서둘러 화장실로 들어갔다. 그가 소변을 보려고 하는데 변기 안에 파리가 있었다.

'아니, 국제공항 화장실에 웬 파리야?'

그는 무의식적으로 그 파리를 겨냥해 소변을 보았다. 자신도 모르게 파리를 조준해 소변을 보았는데 파리가 날아가지 않았다. 자세히 보니 실제 파리가 아니고 그림이었다. 재미있어 빙긋이 웃었다.

이 사례는 단순한 장난이 아니라 창의적 아이디어를 공모한 결과다. 스키폴국제공항의 남자 화장실이 아무리 자주 청소를 해도 금방 지저분해져 관리자들이 골치를 썩고 있었다. 그래서 〈스키폴공항 남자 화장실 청결에 관한 해결책〉이라는 주제로 아이디어 공모를 했고, 당첨된 아이디어는 다음과 같았다. 〈대부분 남자들은 아무렇게나 소변을 본다. 그래서 변기 주위가 불결하다. 하지만 변기 안에 어떤 목표물이 있으면 무의식적으로 그것을 겨냥하게 된다. 그래서 그 자리에 파리를 그려 넣는다.〉

아이디어를 실행한 결과 남자 화장실의 청결 문제가 자연스럽게 해결되었다. 처음에는 파리를 그려 넣었고, 월드컵 축구 대회 기간에는 상대편 골포스트(goal post)를 그려 넣어 좋은 효과를 보았다. 그런데 이 아이디어는 뜻밖에도 초등학생이 낸 것이다. 아이는 창의력의 창고이다. 그런데 이상하게도 어른이 되면서 창의력은 점점 사라져버린다.

know-where 시대의 창의력

현대는 know-where의 시대라고 할 수 있다. 필요한 정보가 어디 있는지를 알아야 한다는 뜻이다. 그러나 사실 숙련된 정보화 사회에서는 누가 더 빨리 접근하느냐 하는 속도의 문제는 크게 중요하지 않다. 또 방대한 정보의 바다에서 찾은 지식이나 정보의 내용도 질적으로 큰 차이는 없다. 문제는 창의력이다. 똑같은 지식이라도 그것을 어떤 맥락으로 어떻게 또 무엇과 연결하느냐에 따라 그 가치가 달라지는 세상이다. 우리가 겪는 어려움은 20세기와는 비교가 안 될 정도로 복잡하고, 한층 치열한 경쟁 속에 있다. 이런 상황을 뚫고나가기 위해서는 기존의 단선적인 해결책은 효용이 떨어질 수밖에 없다. 그래서 그 어느 때보다도 창의성이 필요하다.

창의는 천부적 재능이 아니다

이 시대 '재미'는 최고의 능력이다. 이제는 과거 판에 박힌 교육으로 복제된 생각을 양산하는 시대에서, 무언가 세상이 좋아할 만한 좋은 것을 머릿속으로 그려내는 시대로 바뀌었다. 이러한 때에 인간에게 가장 필요한 조건은 무엇일까? 그것은 '머리'와 '가슴'을 유연하게 연결하는 '창의력'이다.

그런데 많은 사람들이 창의력에 대해 오해한다. 창의는 보통 사람과 다른 극소수의 천재들이나 발휘하는 천부적인 자질이라고 생각한다. 이는 우리가 범하는 가장 큰 실수 중 하나다. '창의'는 '창조'와는 다른 의미다. 창조가 무에서 유를 만들어내는 것이라면, 창의는 유·무형의 한계조차 뛰어 넘는 새로운 가치를 창출해내는 힘을 말한다. 이것은 상식적인 문제를 비상식적으로 사고할 수 있을 때 생긴다.

사실 창의적인 사고를 할 때 사용되는 두뇌 영역은 교통체증을 피하기 위해 고민할 때 쓰는 두뇌 영역과 동일하다. 창의성이란 훈련된 사고로부터 탈출하는 것이 아니라, 오히려 훈련된 사고의 도움을 통해 일반적인 것을 탈출하는 것이다. 창의성은 언뜻 보기에 아무 연관 없는 것들을 연관하는 힘이라고 할 수 있다. 아인슈타인은 그래서 '왜 나는 샤워 도중에 최고의 아이디어가 떠오를까?'라며 짜증을 내기도 했다.

우리 모두에게는 창조적 코드의 가닥들이 있고, 그것이 우리의 상상력 안에 회로처럼 얽혀 있다. 사람은 누구나 창조적 선각자가 될 수 있는 무한한 가능성을 갖고 있다. 우리 안에 잠자고 있는 상상력과 창조성 유전인자는 언제라도 세상을 위해 활용되기를 손꼽아 기다린다. 창의력은 키우는 것이 아니라 유도하는 것이다. 잠재되어 있는 창의력을 깨워 나만의 이야기를 창조해 낼 필요가 있다.

그런데 창의적인 생각이 어느 날 하늘에서 뚝 떨어지는 것은 아니다. 생각이 다양하고 자유로우면 삶도 그렇게 되듯이, 넓고 깊게 배우고 자유롭게 사고하면 자연스레 창의적인 인재가 된다.

창의, 자신이 위대하다는 걸 믿는 것

금세기의 최고의 창의력 소유자인 스티브 잡스(Steve Jobs)의 성공 스토리를 보면서 창의력이 얼마나 중요한지를 깨닫게 될 것이다. 그의 대표적인 히트 상품인 아이팟(i-pod), 아이폰(i-phone), 아이패드(i-pad)는 모두 최초의 것, 새로운 것들이 아니다. 아이팟은 이미 실용화한 엠피3(MP3)의 변형이고, 아이폰은 기존의 스마트폰을 개량한 것이다. 단지 생각을 바꾼 것이다. 하드(hard)가 아닌 소프트(soft)로의 전환이 대성공을 가져다 준 것이다. 바로 잡스의 창의력의 산물인 것이다.

뿐만 아니다. 국내 대기업들의 비전을 살펴보면, 삼성그룹은 '열린 마음, 열린 머리(창의), 열린 행동(국제감각)'이고, 현대는 '도전, 창의, 열정'이다. SK는 '도전하는 패기, 창의성, 국제 안목'이고, LG그룹은 '기본인, 창의력인, 가치관인'이다. 이 모든 그룹 비전에 반드시 들어간 공통 단어는 바로 '창의력'이다.

산업화 시대에서는 기업의 가치를 높이는 것이 생산성이었으나, 정보화 시대, 문화 시대에서는 창의성이다. 그러기 때문에 기업은 창의력 있는 직원을 선호한다. 비단 기업만이 아니라 최근 출범한 박근혜 정부에서도 '창조 경제'를 부르짖고, 창조 경제의 핵심 부서인 '미래창조과학부'까지 신설했다.

생각을 바꿔야 한다. 급격하게. 그리고 '하지 마라'가 아니라 '다르게 하라'가 되어야 한다. 인간의 자기계발을 위한 노동을 새롭게 발명하고, 새롭게 정의내리고, 새로운 역할 공간을 만들어내야 한다. 창의성은 자신이 위대하다는 것을 믿는 것이다. 그리고 창의력을 발휘해 자신의 색깔을 나타내는 것이다.

창의력을 키우는 독서 10계명

1. 잘 생긴 나무를 택하라: 능동적으로 찾아 읽어라.
2. 넓은 숲을 거닐어라: 많이 읽어라.
3. 뿌리를 짚어라: 깊게 생각하라.
4. 함께 나눠라: 수다도 힘이다.
5. 멀리 보라: 트렌드(trend)를 읽고 예측력을 길러라.
6. 가로로 읽고 세로로 생각하라: 아이디어 교차점을 찾아라.
7. 메모하고 실행하라: 메모가 인생의 흐름을 바꾼다.
8. 멘토(mentor)를 만들어라: 책 속에 삶의 지도가 있다.
9. 시간을 경영하라: 아침 독서는 하루치의 비타민이다.
10. 쾌감지수를 높여라: 맛있어야 손이 간다.

04

매일 하루는 각각
작은 일생과 같다

어느 날 황제가 신하들을 불러놓고 세 가지 질문을 던졌다. '첫째, 인생에서 가장 중요한 때는 언제인가? 둘째, 인생에서 가상 중요한 사람은 누구인가? 그리고 마지막으로 인생에서 가장 중요한 일은 무엇인가?'

이 질문에 대해 한 현명한 신하는 이렇게 답했다. '첫 번째 물음에 대한 답은 '지금'입니다. 그리고 두 번째 물음의 답은 '바로 내 곁에 있는 사람'입니다. 마지막 물음의 답은 '그 사람을 위해서 좋은 일을 하는 것'입니다.' 다시 말하면 지금 이 순간 우리가 만나고 있는 사람에 대해 최선의 노력을 다하는 것이 인생에서 가장 중요한 일이라는 것이다. 이

이야기는 톨스토이의 단편 「세 가지 질문」에 나오는 것이다.

○

내가 어떻게 받아들이냐의 문제

'나'라는 존재는 세월의 흐름에 따라 달라지고 변화한다. 그 흐름 따라 변화하는 나의 '쓸모'를 발견할 줄 아는 것이 바로 성장하는 것이다. 운명은 인간적 노력으로 바꿀 수 있지만, 숙명은 인간적 노력으로 바꿀 수 없다. 운명은 인간의 소관이지만 숙명은 하늘의 소관이기 때문이다.

그 사람의 운명을 결정짓는 '인생관'이란 인생의 기준이 되는 틀을 말하며, 자기 자신·타인·세상에 대한 태도·추측·기대를 의미한다. 사실 인생이란 즐기는 것이 아니라 극복하고 뛰어넘어야 할 하나의 거대한 장벽이다. 기회에 관심을 두면 기회를 찾게 될 것이며, 장애물에 관심을 두면 온갖 장애물에 휩싸일 것이다. 이 세상에 어느 누구도 완벽한 사람은 없다. 오직 자신의 부족함을 잘 아는 사람과 잘 모르는 사람만이 있을 뿐이다. 행복과 불행, 만족과 불만족, 성공과 실패, 기쁨과 속상함은 모두 자신이 어떻게 받아들이느냐에 달려 있다.

미래에 대한 예측, 그리고 관대한 마음

인생을 큰 어려움 없이 살아가기 위해서는 다음 두 가지를 할 수 있으면 좋다. 미래를 예측하는 것, 그리고 관대한 마음을 갖는 것이다. 섬세한 감각으로 미래를 예측할 수 있다면 막대한 손실을 막을 수 있다. 또 관대한 마음을 갖추면 어떤 다툼이라도 면할 수 있다.

인생은 정해진 멜로디가 없는 즉흥 재즈 음악과도 같다. 삶 속의 모든 변수를 내가 조정할 수 없고, 그때그때 주어진 상황 속에서 나의 스타일을 찾아내 음악을 만들며 살아가야 하기 때문이다. 삶 자체가 여행이요, 그 여행을 통해서 생각도 함께 언제나 새롭게 시작한다. 결정된 것은 아무것도 없다. 언제나 색다른 시작이다.

매일 하루는 작은 일생과 같다

고금을 통해 수많은 성공한 리더들은 다른 사람보다 열 배 바쁘게 살아간다. 그들은 굉장히 행동 지향적이고 책임져야 할 일이 많기 때문에 잠깐 멈춰 생각할 틈을 내지 못하는 경우가 많다. 그래서 잠깐 멈춰 생각하는 시간은 리더에게 매우 중요하다. 1분 동안 생각하는 것이 한 시간 동안 말하는 것보다 훨씬 더 가치가 있을 수 있다.

그리고 우리가 매일 살고 있는 하루는 작은 일생과 같다. 매일 잠자리에서 일어나는 것은 작은 탄생, 매일 맞이하는 싱그러운 오전 한때는 작은 청춘, 매일 밤 잠자리에 드는 것은 작은 죽음이다.

하루 5분, 그날의 일과를 되돌아보라. 하루 10분, 다음 날의 계획을 세우라. 하루 15분, 마음속의 꿈을 재확인하라. 꿈을 실현하려면 계획을 세워야 한다. 그저 꿈을 가지는 계획만 세우는 것이 아니라 실현시켜야 하는 것이다. 그러기 위해서는 꿈에 구체적인 날짜를 써넣어야만 오늘의 행동이 바뀐다.

생각은 크게, 실천은 작은 것부터

만족할 줄 모르는 욕심과 쓸데없는 집착은 우리를 고통과 불행으로 이끈다. 남에게 뒤처지지 않는 데에 소중한 시간을 다 써버리지 마라. 뭐든 지나치면 원치 않는 일이 벌어지듯, 좋은 욕심도 지나치면 모자람만 못하다. 생각은 크게 하고, 실천은 작은 것부터 하도록 하라. 왜냐하면 작은 생활의 변화에서 큰일을 해낼 수 있는 인연이 만들어지기 때문이다.

인간이 강하거나 약한 것, 성공하거나 실패하는 것, 조화롭거나 조화롭지 못한 것은 그 사람의 의식에 달려 있다. 성공과 행복은 우리의 마음에서 시작되고, 부의 재능도 역시 우리 마음이 만들어 내는 것이다. 세상은 믿음을 가진 사람에게만 길을 열어 준다.

잘 하는 일에 모든 힘을 집중해라

희생 없는 성공은 없다. 만약 우리가 희생하지 않고도 성공한다면 그건 우리보다 먼저 가서 희생한 사람이 있기 때문이다. 만약 우리가 희생하고도 성공을 누리지 못한다면 뒤에 오는 사람이 우리의 희생에서 성공을 거둬들일 것이다.

모든 성공과 성장은 강한 것을 더욱 강하게 만들었을 때 이루어진다. 자신이 잘하는 것에 모든 힘을 집중하는 것, 그게 성공하는 사람들의 특징이다.

카르페 디엠

삶은 투쟁이 아니므로 마음 가는 대로 살며 삶을 즐겨야 한다. 돈을 쫓아 살거나 인기를 쫓아 살 때 삶이 투쟁이 된다. 하지만 지금 이 순간을 즐기며 흥미진진하게 살아가는 것이 진짜 삶이다. 하기 싫은 일을 하는 것보다 진정 하고 싶은 것을 하는 것이 최고의 삶이다. 삶의 지혜란 굳이 내가 무언가를 많이 해서 쟁취하는 것이 아니고 오히려 편안한 멈춤 속에서 자연스럽게 드러나는 것들을 그냥 조용히 알아채기만 하면 되는 것이다. 우리는 무엇을 해야 한다는 강박관념 때문에 지금 이 순간을 오롯이 즐기거나 누리지 못한다. 그래서 마음을 비우는 것이 필요하고, 속도를 늦추고 한 템포 느리게 살아가는 것이 필요하다. 천천히, 그러나 꾸준히 계속 가라. 인생에서 속도는 중요하지 않다. 그대 자신의 속도로 가라.

에피쿠로스는 '현재를 즐겨라(카르페 디엠: Carpe diem)!'라고 말했

다. 이는 단지 현재의 쾌락을 추구하라는 의미기 아니다. '현재의 기회를 잡아라(seize the day)!'라는, 보다 적극적인 말이다. 일반적인 쾌락은 삶의 허비이고 낭비이이지만, 에피쿠로스에게 쾌락이란 친구들과 자연에서 유유자적하면서 담론하는 것이었다. 즉 조선시대 고고한 선비들이 즐기던 '청유(淸遊: 아담하고 깨끗하며 속되지 아니하게 놂. 또는 그런 놀이)'가 에피쿠로스에게는 쾌락이었던 것이다. '항상 미래에 뭔가 이루어지면 행복해지겠지' 하는 막연한 기대감에 쌓여 살지 말고 현재를 즐기고, 내일의 행복을 위해 오늘의 행복을 미루지 말라는 뜻이다. 오늘을 충실하게 살아야 내일이 존재할 수 있는 거이다.

산다는 것은 순간이다. 행복과 불행도 순간이고, 선한 생각과 악한 생각도 순간에서 일어난다. 그래서 순간을 놓치지 않아야 한다. 순간순간 자신답게 자기 삶의 주인이 되어야 한다.

주인처럼 의지력을 휘두르고, 종처럼 양심을 섬겨라

행복한 사람은 자신이 운명에 끌려 다니는 희생자가 아니라 자기 삶의 주인이라고 믿는다. 또한 삶의 주인이 되는 기술과 지식을 가지고 있다고 믿는다. 주인처럼 의지력을 휘두르고, 종처럼 양심을 섬겨라.

행복의 궁극은 보람된 일을 성취하는 데 있고, 누구에게나 행복은 자아실현을 이루는 데 있다. 내가 삶의 길에서 무엇을 택했든 그것은 나의 선택이고 나의 창조이므로 나의 책임이다. 진정한 창조자는 자신의 선택에 후회하지 않는다. 그러기 위해서 첫째, 좀 더 일찍 인생의 주도권을 잡고 목표를 설정하라. 둘째, 건강을 좀 더 돌보며, 셋째, 돈을 더 잘 관리해야 한다. 넷째, 가족과 더 많은 시간을 보내라. 다섯째, 자기계발에 더 많은 시간을 사용해야 한다. 여섯째, 더 재미있게 살며, 일곱째, 경력을 더 잘 계획해야 한다. 마지막으로 많이 벌고 더 많이 베풀어야 한다.

당신은 가치 있는 사람이고 소중한 사람이다. 당신은 잠재력을 발현해 참 모습을 찾을 수 있다. 그냥 자신을 믿고 시작하면 된다. 한 걸음 내디딜 때마다, 긍정적인 생각을 할 때마다, 현명한 선택을 할 때마다, 작은 원칙을 실천할 때마다, 참 모습에 한 발 더 가까워진다는 것을 기억하라. 믿음을 잃지 말고 꿋꿋이 전진하라. 오늘이 행복해야 내일도 행복하다. 오늘이 마지막 날인 것처럼 살아라!

위험을 무릅써야 할 때가 있다면,
변화를 일으켜야 할 때가 있다면,
해봄직한 일을 시작해야 할 때가 있다면,
바로 지금이다.
반드시 큰 뜻이 있어야 하는 것이 아니라
마음을 잡아끄는 것,
포부라고 하는 것,
꿈이라고 하는 것만 있으면 된다.
인생의 시간들을 가치 있게 보내는 것은
그대 자신을 위한 일이다.
즐기자.
깊이 파고들자.
가슴을 활짝 펴자.
꿈을 크게 꾸자.
그러나 가치 있는 일을 하기란 쉽지 않다는 것을 잊지 말자.
살다 보면 좋은 날도 있다.
궂은 날도 있다. 두 손을 들고 그만두고 싶을 때도 있네.
그런 때가 오면 배우는 시기라고 받아들이자.

다른 사람이 나보다 '앞서' 있다.
내 앞에 끊임없이 '난관'이 찾아온다.
내 목표는 '전진'이다.
분위기가 '긍정적'이다.
나는 종종 '안전지대'를 벗어난다.
나는 '설레는' 마음으로 아침에 눈을 뜬다.
실패는 나의 '적'이 아니다.
다른 사람들은 '성장' 중이다.
사람들은 '변화'를 열망한다.
성장의 '본보기'가 있고 성장을 '기대'한다.

자아에 관한 명상

진정한 탐험은 새로운 풍경이 펼쳐진 곳을 찾는 것이 아니라 새로운 눈으로 여행하는 것이다. | **마르셀 프루스트**

단순한 것을 복잡하게 만드는 것은 쉽다. 하지만 복잡한 것을 간단하게 만드는 데는 창의력이 필요하다. | **찰스 밍거스**

쓰러지느냐 쓰러지지 않느냐가 중요한 것이 아니라, 쓰러졌을 때 다시 일어서는 것이 중요하다. | **빈스 롬바르디**

포기는 일상적인 자살이다. | **발자크**

성공과 실패의 유일한 차이점은 실행력이다. | **알렉산더 그라함 벨**

최고의 걸작은 어떤 작품입니까? 'Next one' | **찰리 채플린**

교묘하나 늦은 것은 서툴러도 빠른 것만 못하다(巧遲不如拙速). | **손자**

많은 사람들이 절제하지 못하고 지나치게 향락에 빠져 있지만, 절제하면서도 얼마든지 향락을 누릴 수 있다. | **크세노폰**

어디에 있더라도 늘 주인이 되어라(隨處作主). | **임제 선사**

세상에 흠 없는 것은 존재하지 않는다. | **호라티우스**

나 자신으로부터 받는 행복은 주위에서 얻는 행복보다 크다.

| **메트도로스**

성공이란 자기가 태어나기 전보다 조금이라도 세상을 행복하고 살기 좋은 곳으로 만들어놓고 떠나는 것이다. 자신이 한때 존재했음으로 해서 단 한 사람이라도 좀 더 편안히 숨 쉴 수 있다면, 그것이 바로 진정한 성공한 삶이다. | **랄프 왈도 에머슨**

HAPPINESS JUGGLING

다섯 개 공의

행복
저글링

01

행복은 바로
당신 곁에 있다

"딱."

희산 골프공이 푸른 창공을 가르고 날아갔다. 그러고는 초록 풀밭에 사뿐히 내려앉았다.

"굿샷(good shot)."

네 사람이 차례로 티샷(tee shot)을 했다. 네 개의 공이 페어웨이(fairway)에 나란히 자리를 잡았다.

"오랜만입니다, 하 교수."

하현우 교수는 대기업 임원에서 은퇴한 후 이곳으로 이민을 왔다. 최근에 한국의 대학 초빙 교수가 되어 대학원생의 강의를 맡고 있다.

"네, 허 사장님. 한 2주 못 뵈었지요?"

허 사장은 '기러기아버지'로 왔다가 이곳이 좋아 주저앉은 사람이다. 두 사람은 반갑게 말을 건넨다.

"그래, 집안에 별고 없으셨고요?"

"서울서 손자들이 놀러 와서 온천 여행을 다녀왔지요."

현우가 4년 전 이민을 와서 살고 있는 곳은 남십자성이 빛나는 남반구의 뉴질랜드 오클랜드(Auckland)다. 격동의 한 시대를 몸으로 느끼며 바쁘게 살아온 산업 일꾼에서 은퇴자로 변신해 조용히 여생을 즐기고 있다. 이런 한가로움 속에서 가장 반가운 일은 가족과의 만남이다. 모처럼 방학을 이용해 한국에 사는 손자들이 이곳으로 놀러왔다.

"그러셨어요?"

간단히 서로의 안부를 묻고 바로 라운드를 했다.

이곳에서 불문율이 두 가지 있다. 그 첫째는 '예전에 직업이 무엇이었는가'이고 두 번째는 '현재 수입은 얼마인가' 하는 것이다. 서로 각자의 인생이 있고 나름대로 사연들이 있기 때문이다. 그저 같이 만나서 골프를 즐기면 그게 전부다.

"오늘 모처럼 맥주 한 잔 내기 하시지요."

현우는 그간 며칠 못 만난 탓에 슬슬 발동을 걸었다.

"허허, 손주들 용돈 주느라 돈도 없을 텐데. 정 원하신다면 그리 합시다."

허 사장은 하 교수의 주머니 사정을 걱정하면서 내기에 임했다. 내기라고 해봤자 고작 맥주 한 잔 사는 것이다. 네 사람은 즐겁게 골프를 마치고 샤워를 한 뒤 클럽하우스에 올라갔다. 두 주일 골프를 못 쳤더니 결국 현우가 맥주를 사고 말았다.

"그래, 바로 이 맛이야. 세상에서 제일 맛있는 맥주가 바로 이 맥주지."

털털한 허 사장이 연신 웃으며 말했다.

"허허, 그뿐 아니라 공짜로 마시니 더 맛있구먼, 그래."

동반자인 이 원장이 한술 더 떴다. 네 사람은 생맥주 한 잔을 쭉 들이키면서 즐겁게 웃었다. 현우가 이런 행복을 누리고 산 지 어언 4년이 되었다.

o

누구나 바라는, 마치 한 폭의 그림과 같은 모습이다. 반드시 뉴질랜드라고 해서 이렇게 행복한 것은 아니다. 노르웨이의 행복에 관한 연구 결과에 의하면, 행복은 거주지와 관계가 없다고 한다. 정치 역시 크게 중요하지 않다. 교육과 생활 방식은 행복과 관련이 있다. 텔레비전 시청은 역효과를 낸다. 또한 경제적 위치가 행복을 높여준다. 개인의 건강과 체력은 행복과 상관관계가 있다. 그리고 존재의 의미가 중요하다. 자신의 일을 즐기는 것이 무엇보다 중요하다.

종교 활동은 행복한 삶에 긍정적 영향을 준다. 적절한 운동과 야

외 활동이 행복에 긍정적이다. 예술과 문화 활동에 적극 참여할수록 행복해진다. 다시 말해서 행복은 빈둥대는 데 있지 않고 무언가 활동적인 일로 움직이는 데 있다. 일이라고 꼭 돈을 벌어야만 하는 것은 아니다. 그저 활동을 하면 된다.

행복하기 위한 세 가지 욕구

행복이 중요한 까닭은 우리 대부분이 행복해지기를 바라기 때문이다. 우리 모두가 원하는 행복을 위해서는 보통 세 가지 욕구가 충족되어야 한다고 한다. 첫째, 타인과 친밀한 관계를 유지하고 자신의 가치를 인정받고 싶은 욕구(관계성: relatedness)가 충족되어야 한다. 둘째, 자신의 일에 자부심을 느끼고 타인에게 능력을 인정받고 싶은 욕구(유능성: competence)가 충족되어야 한다. 셋째, 자신의 일이나 행동을 스스로 조절하고 통제하고자 하는 욕구(자율성: autonomy) 역시 만족되어야 행복해질 수 있다. 즉, 주변의 사람들과 잘 지내고, 자신이 하는 일에 만족하면서 그 능력을 타인에게 인정받고, 자신의 일이나 스케줄 등을 어느 정도 자신의 의지 하에 움직일 수 있을 때 인간은 행복을 느낄 수 있는 것이다.

행복은 목표가 아니라 과정이다

행복한 사람은 행복을 좇지 않는다. 불행으로 가는 가장 확실한 길은 행복을 직접 추구하려고 하는 것이다. 행복은 그 자체로 보람 있고 만족스러운 다른 것에 딸려 오는 것이기 때문이다. 그리고 행복은 한 가지 답안지를 놓고 정답을 고르는 문제가 아니다. 행복은 고정되어 있는 정의(定義)가 아니라 살아가는 방법이다. 당신이 도달해야 할 목표가 아니라 어떻게 살아가는지에 대한 과정이다. 행복은 당신이 인생의 큰 그림을 그리는 데 가장 신뢰할 만한 여정이다. 나에게 행복은 어떻게 살아야 하는지 삶의 나침반이 되어주고, 매 순간 갈림길을 만날 때마다 어디로 가야 하는지 이정표가 되어준다.

행복 세트 포인트

그런데 왜 어떤 사람은 다른 사람보다 더 행복할까? 그리고 때로 어떤 이는 이유도 없이 행복해지는 게 가능할까? 이 두 질문에 대해 마시 시모프가 발견한 사실은 '사람마다 다르게 설정되어 있는 행복 세트 포인트(set point)' 때문이라고 한다. 같은 조건에서도 어떤 사람은 다른 사람보다 더 행복할 수도 있고, 덜 행복할 수도 있다. 행복 세트포인트가 높게 설정되어 있는 사람은 이유 없이 행복해질 수 있다는 것이다. 행복 수준이란 행복 세트 포인트에 자신이 처한 상황과 그것을 통제 가능한 자율성에 의해 결정된다. 행복의 50%는 유전적 설정 값이 결정한다. 환경에 따라 결정되는 것은 겨우 10%다. 나머지 40%는 자신에게 달렸다. 끊임없이 노력하고 실천하면 행복지수를 높일 수 있다. 어떤 행복이건 핵심은 자기 자신에게 있는 것이다.

놓친 물고기는 생각만큼 크지 않다

낚시꾼들에게는 놓친 물고기가 항상 커 보인다. 그리고 우리들은 항상 지금 선택보다 포기한 선택이 더 좋았을 것이라는 미련을 가지고 산다. 선택한 것과 포기한 것의 차이를 과대평가하지 말아야 한다. 그 차이는 생각보다 크지 않기 때문이다. 그런데도 당신은 포기한 것을 생각하면서 후회하고 아쉬워하느라 현재의 행복을 놓치겠는가? 행복은 당신을 위한 것이다. 그렇기 때문에 행복을 최우선순위로 두는 것을 망설이지 말아야 한다.

행복을 추구하는 것은 경쟁하는 것이 아니다. 진정한 행복은 타인과 자신을 비교하지 않고, 자신을 가로막는 마음의 빗장을 풀 때 얻

을 수 있다. 행복한 인생은 스스로 창조하는 것이지 남과의 비교나
사용 설명서에 적힌 대로 따라 하는 데서 오는 것이 아니다.

내 안의 파랑새

독일의 문호 괴테는 이렇게 행복을 노래하고 있다.

어디까지 방황하고 멀리 가려느냐?
보아라, 좋은 것은 여기 가까이 있다.
행복을 잡는 방법을 알아두어라.
행복이란 언제나 내 곁에 있다.

뿐만 아니라 해인사 장경판전 기둥에는 이런 글귀가 쓰여져 있다.

원각도량하처(圓覺道場何處) : 깨달음의 도량 즉, 행복한 세상은 어
디입니까?
현금생사즉시(現今生死卽是) : 지금 생사가 있는 이곳, 네가 발 디디
고 있는 이곳입니다.

'행복'의 검색 결과 5억 개 안에 당신의 행복이 있는가? '행복해지는 방법'을 알려준 책에서 행복을 찾았는가? 그토록 찾아 헤매던 파랑새는 바로 당신 안에 있다. 행복은 거대한 존재가 아니라 작디작은 존재이며, 먼 데 어느 미래의 시간과 장소로 찾아가는 것이 아니라 이미 찾아와 있는 것을 이 순간 발견하는 것이다. 행복은 저 멀리 있는 것이 아니라 바로 당신 곁에 있다.

행복을 위한 다섯 가지 원칙

첫 번째. 행복은 다분히 주관적인 마음의 상태로, 객관적인 조건이 아니다.
두 번째. 질투나 부러움은 행복의 가장 강력한 적이다.
세 번째. 우리는 다른 사람과 함께 할 때 더 행복하다.
네 번째. 목표를 갖고 삶의 의미를 만들어줄 관심사와 가치들을 찾는다.
다섯 번째. 신체활동을 통해 내면의 행복을 발전시킨다.

02

이제 행복해질 방법을
실천합시다

"끼욱, 끼욱."

갈매기가 지붕 위에서 울고 있다. 현우는 아침에 갈매기 울음소리에 일찍 일어났다. 현우의 집이 해변에서 멀지 않은 곳이라 갈매기들이 날아와 먹이를 찾곤 한다. 지금은 한가한 은퇴 생활 중이지만 젊어서부터 습관이 된 아침형 인간인 현우는 지금도 6시면 어김없이 기상을 한다.

간단히 우유와 토스트 그리고 계란프라이로 식사를 한다. 아침을 먹으면서 인터넷으로 한국의 뉴스 재방송을 시청한다. 뉴스가 끝나면 서재로 돌아와 밤새 들어온 정보와 메일을 점검한다. 아직 8시가 되지 않았다. 집안은 아주 조용하다. 현우는 문방사우를 챙겨 한 시간 반 정도

붓글씨를 쓴다. 오전 10시쯤 현우는 아내와 함께 아침 운동을 하러 실내 수영장으로 향한다. 아침 운동을 마치고 돌아와 아내와 점심을 함께 먹는다. 거의 매일 똑같이 정해진 오전 일과다.

오후의 일정은 아내와 서로 다르다. 아내는 영어 학원을 가고 현우는 골프장으로 간다. 현우는 골프를 치고 와서 간단히 저녁을 먹은 뒤 바로 이층 서재로 올라간다. 컴퓨터를 켜니 화면에 '메일이 도착했습니다' 하는 아이콘이 떴다.

'누가 보낸 메일일까?'

궁금한 현우는 바로 클릭해보았다. 출판사 편집팀장인 최수경의 메일이었다.

'하 교수님 지난번 보내주신 초고는 잘 받았습니다. 검토해보고 다시 연락드리겠습니다. 여기는 성탄과 연말 분위기로 들떠 있습니다. 분위기를 맞추듯 어제는 눈이 제법 내렸군요. 따뜻한 남쪽 나라의 크리스마스는 어떠하신지요? 그럼 내년에 뵙겠습니다. 건강하시고 새해에 복 많이 받으세요. 최수경 올림.'

현우는 문득 '아, 내일이 바로 크리스마스구나' 하고 생각했다.

'학창시절에는 그렇게 고대하던 크리스마스를 이제는 무감각하게 있고 살다니.'

그러고 보니 이곳은 크리스마스가 그리 요란치 않았다. 현우는 피식 웃으며 답장을 썼다.

'최수경 씨. 그곳은 매우 춥죠? 눈이 왔다니 화이트 크리스마스 기분을 낼 수 있겠네요. 반바지 입은 산타클로스 할아버지를 본 적이 있나요? 이곳 산타클로스도 털모자에 수염을 한 모습이지만, 날씨가 더워서인지 반바지 차림이네요. 재미있죠. 한 여름의 크리스마스를 상상할 수 있나요? 연락 주셔서 고맙습니다. 최 팀장도 새해 복 많이 받으시고 내년에는 시집 가셔야지요. 미리 새해 인사를 전합니다. 새해 복 많이 받으세요. 한 여름의 크리스마스이브에 남쪽 나라에서, 하현우.'

메일을 보내고 나니 현우는 불현듯 붓을 잡고 싶었다. 평소에 쓰고 싶었던 글귀가 떠올랐다. 붓에 먹을 흠뻑 적셔 화선지에 써내려가기 시작했다. 행복해지는 여섯 가지 결심을 적어 나갔다.

첫째, 소욕(小慾)이 핵심이다.
둘째, 과거는 들이고기 않는다.
셋째, 망설임 없이 즐거움으로 향한다.
넷째, 방황하지 않는다.
다섯째, 감정을 아주 온화하게 다스린다.
여섯째, 인생은 일장춘몽임을 깨닫는다.

마지막 글자를 쓰고 나서 조용히 생각에 잠긴다. 이제 인생은 자신이 찾는 것만 보이고 기꺼이 받아들이고자 하는 것만 얻게 된다는 것을 알 정도로 현우는 나이가 들었다. 이미 해버린 일에 대해 후회하는 것과, 꼭 하고 싶었던 일을 못해서 아쉬워하는 것 중 어느 것이 더 클까? 아마 후자일 것이다.

직장 생활이 전반부라 하면 하프 타임에 어떤 기획을 하는가에 따라 인생의 후반부는 완전히 다른 시나리오를 만들게 된다. 새로운 삶을 위해 새롭게 출발해야 한다. 그래서 현우는 앞으로는 하고 싶은 일만 하기로 했다. '나는 이제부터 하고 싶은 것을 하고 산다. 그리고 거침없이 산다.'

○

행복한 삶이라고 해서 아무 걱정도 문제도 없는 유토피아적 삶을 말할까? 물론 그렇지 않다. 도리어 불가피한 위기와, 우리를 항시 따라다니는 불행을 극복해야만 비로소 훌륭한 삶이 완성된다. 우리는 불운을 고결하게 승화시킬 수도 있고, 실패를 딛고 한층 성장할 수도 있다. 취약점과 실수를 통해 배우고 인생항로에서 자아를 찾아내 발전시킬 때 행복은 우리를 찾아온다.

불행할 때는 정말 행복한 척해보라

그런데 단지 행복한 생각을 떠올리는 것보다 자신이 정말로 좋은 기분을 느끼고 있는 것처럼 행동하는 편이 좀 더 빠르고 효과적으로 행복감을 높인다. 고개를 똑바로 들고, 경쾌하게 걸으며, 웃고, 행복한 표현을 써서 이야기를 하며, 춤추고, 노래하고, 자신이 좋아하는 일을 적극적으로 찾아서 해야 한다. 스스로가 불행하다고 느낄 때는 행복한 척을 해보라. 일주일 안에 정말로 행복해질 것이다.

그리고 우선 가장 가까이 있는 사람들부터 행복하게 해주어라. 그러면 멀리 있던 사람들도 당신을 찾아올 것이다. 행복은 어떤 조건이 이루어져서 만들어지는 것이 아니다. 다양한 관계를 맺으며 행동과 실천으로 만들어가는 것이다.

어떤 일에 몰두한 때 사람은 행복하다 꼭 성공에 이르지 않더라도 사람은 자신이 만족하는 어떤 일에 몰두할 수 있어야 행복하다. 행복한 인생을 산다는 것은 어떤 일에 성공한다는 것과 다르고, 성공한 인생보다 행복한 인생이 더 바람직하다. 성공의 열쇠가 꿈을 실현하는 것이라면, 행복의 열쇠는 꿈을 갖는 것이다.

행복이 결정되는 것은 어떤 사건을 통해서가 아니다. 당신의 생각 때문이다. 생각하면 그대로 된다. 하지만 그렇다고 바라기만 하면 좌절한다. 행복은 '우연한 사건'이 아니라 '선택'이다. 행복은 행동을 거처 이루어진다. 행동이 반드시 행복을 안겨주지 않을지 몰라도 행동 없는 행복은 없다.

행복한 삶을 위해서 우리가 해야 할 일은 세상을 바꾸는 것이 아니라 나 자신을 바꾸는 것이다. 행복한 인생이란 당신이 원할 때, 좋아하는 사람과, 하고 싶은 일을 마음껏 하는 것이다. 그리고 원하는 바를 이루는 것, 또 그것을 즐기는 것이다.

행복의 항아리

최근 한 설문조사에서 나이별 행복의 정도를 조사한 바 있다. 15~24세는 81%, 25~34세는 80%, 35~44세는 80%, 45~54세는 79%, 55~54세는 79%, 65세는 81%로 나타났다. 가장 어린 나이에 행복도가 높고 나이가 들수록 행복 정도는 낮아져 중장년에서 가장 낮았다. 그리고 다시 노년에 행복도가 높아졌다. 연령이 10세씩 올라가면 행복할 공산도 5%씩 증가한다.

미국 듀크 대학 린다 조지 교수의 연구 결과도 유사했다. 88세의 33%가 매우 행복하다고 응답한 반면 20대 초반은 24%였다. 중장년의 행복도가 낮아지는 것은 많은 것을 채워야 할 행복의 항아리가 그만큼 크고 깊다는 것이다. 반면에 나이가 적을 때는 채워야 할 행복항아리가 작기 때문이고 나이가 든 노년에는 자신의 인생을 바르게 직시할 줄 아는 눈을 가지게 되어 스스로 욕심을 줄였기 때문이다. 그리고 '무엇이 사람을 행복하게 하는가'라는 물음에 20대는 직업적 성공이라고 대답한 반면에, 60대는 좋은 가정을 꾸리는 것이라고 답했다.

행복은 욕망의 배반

행복한 삶에 이르는 길은 의외로 아주 간단하다. 한마디로 행복은 욕망의 배반이다. 욕망을 줄이면 행복은 자연스레 곁으로 다가온다. 당신의 마음에 증오를 담지 말라. 당신의 머리가 걱정하게 하지 말라. 산다는 것은 매우 간단하다 어떠한 기대도 하지 말라, 자신을 잊어버리고 다른 사람을 생각하라. 자기가 하기 싫은 일은 남에게도 시키지 말라.

이대로 1주일만 한번 해보라. 그러면 당신의 삶은 몰라보게 달라질 것이다. 이렇게 해서 얻은 행복한 인생을 지속적으로 유지하기 위해서는, 타인에게 관대하게, 자신에게 엄격하게. 비판은 신중하게, 비판을 수용할 때는 겸허하게. 입은 최대한 무겁게, 눈과 귀는 최대한 크게. 민첩하게 행동하고 우아하게 말하라. 말은 참 쉽지만 행동은 매우 어렵다. 그래서 행복을 찾기 어려운 것이 아닐까.

행복 레시피

행복 레시피(recipe)는 여섯 가지 기본 재료와 다섯 가지 선택 재료로 구성되어 있다. 기본 재료는 믿을 수 있는 친구, 마음을 다해 주는 사람, 자신의 능력을 발휘할 도전적인 일, 기본 욕구를 채워줄 만큼의 돈, 매일 세 가지 좋은 일, 감사하는 마음이다. 선택 재료는 섬김과 신앙, 몇 년 이상의 공부, 몸과 마음의 건강, 가끔 실패와 좌절의 쓴맛 등이다. 행복은 만족감이며, 자신과 이 세계와의 평화로운 조화이다.

행복하려면 몸과 영혼이 조화를 이루어야 한다. 행복을 추구하는 것은 인류 공통이지만, 행복의 정의와 그것을 쫓는 방식은 문화마다 다르다. 행복이란 사회의 재원과 서비스를 얼마나 쉽게 이용할 수 있느냐, 또 그것이 얼마나 구체적으로 삶의 질로 전환하느냐의 문제다.

지그 지글러는 그의 책 『시도하지 않으면 아무것도 이룰 수 없다』에서 '진정한 성공의 8가지 분야인 행복과 건강, 재산, 정서적 안정, 우정, 가정의 화목, 희망 그리고 일상적인 마음의 평화 중 어느 한

가지라도 충족되지 않은 인생은 진정한 성공이라고 할 수 없을 것입니다'라고 말한다.

나는 내 운명의 건축가

당신은 당신 운명의 건축가이고 당신 운명의 주인이며 당신 인생의 운전자이다. 당신이 할 수 있는 것, 가질 수 있는 것, 될 수 있는 것에 한계란 없다. 생각하지 않는 사람은 고집불통이요, 생각할 수 없는 사람은 바보요, 용감하게 행동하지 않는 사람은 오직 노예일 뿐이다. 자기의 삶을 제대로 살지 못한 것이다.

사람은 자신이 설계한 자신만의 삶을 살 필요가 있다. 사람마다 삶사 나름 방식의 행복이 있다. 행복은 우리를 둘러싼 환경 각자가 처한 상황, 저마다 품은 꿈 등에 따라 달라진다. 그래서 누구에게나 적용되는 행복의 공식을 제안하는 것은 불가능하다. 행복은 스스로 선택해야 한다. 목표의 추구 없는 행복은 없다.

다섯 개 공의 저글링

지금까지 우리에게 행복을 가져다 줄 다섯 개의 공으로 저글링을 해왔다. 이 중에서도 한 가지라도 떨어뜨려서는 행복을 얻을 수 없다. 무엇보다도 다행인 것은 참된 행복을 얻기 위한 비법은 누구라도 배울 수 있을 만큼 쉽다는 것이다. 그저 생각하고 느끼고 행동하는 방식을 조금만 변화시키면 된다. 이제 실천만 남았다.

다섯 개 공 중에서 무엇보다도 최우선으로 생각할 것은 건강이다. 몸과 마음이 불편하면 다른 모든 것이 만족되어도 행복해질 수 없다. 그리고 우리는 무언가를 해야 하는데, 그것은 하고 싶은 일이어야 한다. 이때 보수는 중요한 것이 아니다. 그보다는 만족감과 성취감이 더 중요하다. 만약 해야만 하는 일이 있다면, 피하거나 불평하지 말고 도리어 즐겁게 그리고 완벽하게 해내야 한다. 그러면 돈은 저절로 오기 마련이다.

물론 젊을 때에는 돈을 벌 수 있는 만큼 벌어 두어야 한다. 그것이 종자돈이 되어 훗날 큰 결과 차이를 만들어낼 것이다. 그러나 만일 일정 수준 이상 돈을 벌었다면 더 이상 돈에 집착하지 말고 도리어 나눔에서 행복을 찾아야 한다.

사람은 사회적인 동물이기 때문에 나를 둘러싼 가족부터, 직장 동료까지 사람들과 원만하게 지내야만 한다. 건강, 일, 돈, 관계. 이들이 조화롭게 이루어지기 위해서는 자기 자신의 확고한 주관이 밑바탕이 되어야 한다. 그러기 위해서는 마지막 공, 자아의 발견과 계발이 중요하다.

행복을 위한 14가지 생활방식

활동적이고 바쁘게 산다.
사람들과 잘 어울린다.
의미 있는 일을 생산적으로 한다.
체계적으로 활동한다.
걱정하지 않는다.
기대를 낮추고 동경하지 않는다.
긍정적이고 낙관적으로 생각한다.
현재에 집중한다.
훌륭한 인격을 갖추려고 노력한다.
외향적, 사교적인 성격을 키운다.
진짜 '내'가 된다.
부정적인 생각을 없앤다.
가까운 관계가 최고다.
행복에 높은 가치를 둔다.

행복헌장 10계명

1. 운동을 하라.
2. 좋았던 일을 떠올려보라.
3. 대화를 나누어라.
4. 식물을 가꾸어라.
5. 텔레비전 시청을 반으로 줄여라.
6. 미소를 지어라.
7. 친구에게 전화하라.
8. 하루 한 번 유쾌하게 웃어라.
9. 매일 자신에게 작은 선물을 하라.
10. 매일 누군가에게 친절을 베풀어라.

어느 한 사람이 행복을 찾기 위해 철학자에게 "행복이 무엇입니까?"라고 물었다. 철학자는 이렇게 답했다. "나는 수많은 책으로 수십 년 공부를 했지만 아직 행복이 무엇인지 깨닫지 못했습니다."

이번에는 유명한 목사님에게 물었다. 그러자 목사님은 "평생 기도를 드렸지만 아직도 행복에 대한 응답을 받지 못했습니다"라고 답했다. 그래서 최고의 권력자를 찾아가서 물었다. 그러자 그 정치인은 "권력으로 수많은 것을 이루었지만 행복해지기에는 아직도 무언가 모자란다"고 답했다고 한다. 실망한 그 사람은 거리에서 구걸하는 거지에게 똑같은 질문을 했다. 그랬더니 거지가 환하게 웃으며 "당장 먹을 것과 오늘 밤 잘 곳이 있다면 그게 행복이지요"라고 답했다.

행복은 그리 심오하거나 대단한 것이 아니다. 그저 스스로 있는 것에 만족하는 상태다. '인간이 불행한 것은 자기가 행복하다는 것을 모르기 때문이다. 이유는 단지 그것뿐이다. 오직! 그것을 자각하는 사람은 곧 행복해진다. 일순간에!'라고 도스토예프스키는 말했다.

우리는 누구나 행복해질 권리가 있다. 비록 지금 마주한 현실이 암담하고 처참하더라도 사실 지나온 과거를 돌이켜 보면 현재의 우리 세대가 처한 환경만큼 행복한 환경은 없었다. 일상적이고 현실적인 난관들로 가려져 우리 자신이 타고난 무수한 행복들을 자각하지 못하고 있는 것이다.

행복의 50%는 유전적으로 타고나며 환경에 따라 결정되는 것도 겨우 10%다. 나머지 40%는 자신에게 달렸다. 끊임없이 노력하고 실천하면 행복지수를 높일 수 있다. 어떤 행복이건 핵심은 자기 자신에게 있다. 우리 젊은 세대들은 이미 유전적 요인과 환경적 혜택을 받고 태어난 세대이다. 따라서 자신의 의지와 행동에 따라 언제든지 행복해질 수 있다.

행복은 한 번에 다다르는 목표나 정점이 아니다. 평생 동안 추구하는 과정이다. 지금 있는 것에 만족하고, 그것이 행복임을 깨달아야 한다. 건강이 있으면 그것으로 행복한 것이고, 먹고 잘 곳이 있으면 그것 역시 행복한 것이다. 비록 잠시 어려운 시절이 있을 테지만 그것을 포기하는 자만이 불행한 것이다. 어려운 시기를 극복한 뒤에 찾아오는 행복이야말로 진정한 행복임을 잊지 말자. 씨앗이 추운 겨울을 견디어내야 봄에 아름다운 꽃을 피우듯이, 현재의 어려움에 좌절하거나 포기해서는 안 된다.

자신의 행복을 위해서는 행복의 관념을 바꾸자. 부정적인 사고를 버려야 한다. 물 반 잔을 보고 비관주의자는 '반 잔밖에 안 남았다'고 하고, 낙관주의자는 '아직도 반 잔이나 남았네' 하며 좋아한다. 똑같은 상황에 대해 둘은 전혀 다른 생각을 하고 있다. 여러분은 어떤 사람이 되고 싶은가?

행복을 찾는 것은 의외로 간단하고 쉽다. 하지만 그럼에도 저절로 얻어지는 것은 아니다. 행복 전도사인 마틴 셀리그만은 '최고의 행복은 저절로 얻어지는 것이 아니라 스스로 만들어 가는 것이며, 그 과정에서 자신의 강점을 발휘하고 남에게 베푸는 행동을 할 때 행복과 만족은 최고의 수준이 된다'고 말했다. 행복은 항상 우리 곁에 있다. 단지 우리가 모르고 있을 뿐이다. 행복이라는 파랑새는 멀리 있는 것이 아니라 내 안에 있다. 이제 마음을 가다듬고 내 주위에 맴도는 행복을 찾아 느끼고 즐기며 살아야 한다.

'행복한 사람은 객관적으로 생활하며, 자유로운 애정과 광범위한 흥미를 지닌 사람이며, 이러한 흥미와 애정을 통해 자기의 행복을 성취하고, 또 자기가 남에게 흥미와 애정의 대상이 됨으로써 행복을 느끼는 사람이다'라고 버트란트 러셀은 말했다.

'한 번 더 나에게 질풍 같은 용기를

거친 파도에도 굴하지 않게

드넓은 대지에 다시 새길 희망을

안고 달려갈거야 너에게'

요즘 많은 사람들에게 진한 감동을 준 '싱어게인3' 74호 가수 유정석의 '질풍가도'의 한 부분이다. 이 노래는 많은 사람들에게 용기와 희망을 준 노래로, 그리고 응원가로도 알려진 노래이다. 독자분들께 희망과 용기의 응원가를 보내면서 마무리한다.

2023년 12월

뉴질랜드에서 김영안 드림